河南财经政法大学统计与大数据学院论丛

本书的出版得到河南省高等学校人文社会科学重
计研究中心"和刘定平教授"中原千人计划"专项的资助

发展特征及其效应研究

中国电子商务的

Research on the development
characteristics and effects of
E-commerce in China

董国芳 / 著

经济管理出版社
ECONOMY & MANAGEMENT PUBLISHING HOUSE

图书在版编目（CIP）数据

中国电子商务的发展特征及其效应研究／董国芳著. —北京：经济管理出版社，2020. 9

ISBN 978-7-5096-7551-9

Ⅰ. ①中…　Ⅱ. ①董…　Ⅲ. ①电子商务—研究—中国　Ⅳ. ①F724. 6

中国版本图书馆 CIP 数据核字（2020）第 169242 号

组稿编辑：杨　雪

责任编辑：张巧梅

责任印制：黄章平

责任校对：陈晓霞

出版发行：经济管理出版社
　　　　　（北京市海淀区北蜂窝 8 号中雅大厦 A 座 11 层　100038）

网　　　址：www. E-mp. com. cn

电　　　话：（010）51915602

印　　　刷：唐山昊达印刷有限公司

经　　　销：新华书店

开　　　本：720mm×1000mm /16

印　　　张：11

字　　　数：175 千字

版　　　次：2020 年 12 月第 1 版　　2020 年 12 月第 1 次印刷

书　　　号：ISBN 978-7-5096-7551-9

定　　　价：55. 00 元

前　言

　　近二十多年来，电子商务依托互联网和通信技术的发展以及国家相应政策的支持，获得了前所未有的发展，目前已经渗透到人们生活和生产的诸多方面，成为促进经济增长的一个重要引擎。国家也适时提出了"互联网+"行动计划的强国战略，更反映了电子商务等互联网经济在日常生活与生产中的重要性。那么，我国电子商务目前的发展状况如何？作为一种借助于互联网、受地域约束相对较弱的新兴经济产业，它对区域经济的影响到底如何？我们不仅需要理论阐述，更需要实证研究。遗憾的是，由于电子商务属于新兴事物，无论是官方研究机构还是其他研究机构都尚未有连续多年的、基于省级或者城市层面的电子商务指标数据可用，现有的实证研究基本都是局限在某一时间点的截面数据分析，难以全面反映电子商务的发展状况，也难以有效揭示约束各地电子商务发展的因素。本书试图在这方面有所突破。

　　另外，电子商务依托于互联网，具有一些有别于传统产业尤其是传统实体经济的属性，在理论和实践上都存在不少值得研究的问题。其中，电子商务与实体经济间的关系是最亟待澄清的，这个问题甚至引发了所谓"虚实经济"之争。本书通过研究各地电子商务发展的影响因素，可以检验其是否脱离了实体经济。而且，本书还试图在对电子商务发展进行统计测度的基础上，实证地探讨它对传统实体经济带来的影响。电子商务本身在经济总量中的比重仍属有限，但在理论上，它能大大降低区域间的交易成本，促进市场一体化，从而有可能削弱地理上的经济集聚水平，缩小地区间的经济差距。目前方兴未艾的"电商扶贫"即反映了这方面的考虑。

不过，电子商务作为一个产业又可能具有规模经济，并与其他部门存在较强的外溢关系，从而也可能拉大原有的经济差距。可见，根据区域经济学及新经济地理学的一般理论，电子商务作用于实体经济的机制主要表现在其对地区间经济格局的影响上，而且这一影响的方向在理论上是不确定的。在传统实体经济中，制造业的地位最为重要，因此，在研究电子商务对实体经济的作用时，本书将首先检验它对地区间制造业格局的影响。其次，受电子商务发展直接冲击较大的是传统零售业。电子商务由于降低了交易成本，实际上并不减少社会的总零售，但互联网使零售业不再完全依赖于实体店铺，原有的"黄金旺铺"可能贬值，近年甚至出现了一些商圈倒闭的现象。由此，电子商务的发展不仅影响到宏观的地区间经济格局，也通过对实体零售业的冲击影响到城市的商业布局及商业地产的价值，长远来看，还对城市的管理提出了新的挑战，其意义不可小觑。本书文献中对此虽然已有关注，但仍缺乏系统的检验，亦未得出一致的结论。所以，为了更全面地理解电子商务对实体经济的影响，本书还将对实体零售业及城市商业地产所受到的冲击进行实证研究。

为了研究上述问题，我们通过网络爬虫工具，根据代表性原则，选取国内最大网络零售平台淘宝网上的 12 个最热门类的皇冠以上店铺以及天猫店铺作为样本，统计了我国 31 个省份的 332 个城市 2003~2015 年注册的样本店铺数，并根据这些数据构建反映电子商务发展水平的指标。

基于淘宝电商数据，我们测度了 2003~2015 年电子商务在各区域的发展状况，并考察了电子商务空间分布的特征。根据空间基尼系数的测度，发现我国各省电子商务发展十分不均衡，高度集中在沿海发达省份，如广东、浙江、江苏、山东等，但与我国传统实体制造业的分布却十分类似；同时，长期来看，电子商务空间分布整体上呈现由东部向西部扩散的趋势。在其影响因素的考察中，发现制造业集聚最终还是对电子商务集聚有重要的影响。这既为马歇尔外部经济理论在电子商务这一新经济体下的应用提供了经验上的证据，同时也表明电子商务并不等同于"虚拟经济"，这也有助于澄清近年来的"虚实经济"之争。

在研究电子商务对区域经济格局的影响上，本书将电子商务作为一种技术因素引入通常的经济增长趋同模型中，考察其对制造业及地区经济趋同的作用，发现虽然电子商务对各省经济趋同的作用比较复杂，但对条件趋同却有较稳定的促进作用。此结论一方面支持了电子商务通过降低交易成本促进区域经济趋同的理论机制，另一方面也进一步识别了电子商务这种新兴技术对区域经济趋同的作用，丰富了该领域的研究。

　　之后，本书研究了电子商务对城市零售业空间格局的影响。正如现有文献所述，由于信息成本等机制，传统零售业往往形成商圈等形式的集聚。当电子商务降低信息成本后，这一集聚将削弱，实体店可以选择租金更低的地段，从而降低商用房的价值。为了排除影响不动产价值的一般性因素，本书以商用房与住宅价格比作为被解释变量，将它对电子商务发展水平等变量作回归分析，发现在控制了商业状况、投资、新开工面积、交通、城市化、时间等因素情况下，城市电子商务发展水平始终表现出对商/住房价比有显著的负效应。这表明电子商务明显抑制了商用房价的上涨，从而验证了它削弱传统商圈，使零售业分布更加分散的理论分析。同时，这一作用反过来也说明，信息集聚带来的外部经济是传统零售商圈形成的一个重要因素。另外，对于不同规模的城市，电子商务对商用房价格的影响表现一致，说明电子商务对传统零售业的冲击具有普遍性。

　　由于时间的限制以及笔者水平的局限性，本书的研究难免存在不足与疏漏之处，敬请专家和同人批评指正。

目　录

导　论

一、研究背景与动机

（一）研究背景

改革开放 40 多年以来，中国经济持续高速增长，己成为名副其实的经济大国，但是随着人口红利衰减、"中等收入陷阱"风险累积、国际经济格局调整等一系列内因与外因的作用，我国的经济发展正在进入"新常态"。传统的经济增长点已显疲态，而以"互联网+"为依托的新经济则生机勃勃，显然中国的经济正在进行着明显的结构调整。早在 2010 年 9 月温家宝总理主持的国务院常务会议上，就审议并通过了《国务院关于加快培育和发展战略性新兴产业的决定》，而互联网信息技术则是促进经济发展最显著的新兴技术之一。之后在 2014~2015 年，李克强总理及国务院相关部门等逐步提出并发布了一些关于电子商务发展的建议与文件，它们不仅促进了互联网在我国消费领域和生产领域的拓展，而且也对各行业发展水平的提升和创新能力的增强起到了积极的推动作用（郝建彬，2015），可见我国政府在政策方面对互联网、电子商务等新技术的支持作用。2019 年以来，世界经济增速放缓，全球化和贸易自由化进程中的风险和不确定性因素增多。中国经济克服内外诸多困难挑战，在高质量发展的道路上继续奋力向前。以电子商务为代表的数字经济取得长足进步，在推动国内经济社会发展方面发挥了重要作用（商务部电子商务和信息化司，2020）。

电子商务是互联网在商贸领域应用的最突出代表，简单的来说就是以信息网路技术为手段，以商品交换为中心的商务活动。电子商务是从20世纪60年代的电子数字交换（Electronic Data Interchange，EDI）发展起来的，其实早期的电子商务被理解为基于计算机网络的商务活动，而现在则被理解为网络化的新兴经济活动，即基于各种电子信息网络将企业、消费者、政府机构等有机地连接起来，从而完成了产品的生产、运输、结算、消费等一系列经济活动。我国电子商务的EDI阶段发展始于20世纪80年代，电子商务概念的真正兴起是从20世纪90年代中期开始的，1999年易趣网在上海成立，开创了国内电子商务的先河，这一年又被称为"全球电子商务""政府上网年"，同时许多电子商务企业也纷纷开始电子商务的实践，电子商务逐步进入试用阶段。从2000年开始，我国电子商务开始了以B2B（企业对企业）为主的坎坷发展历程，如阿里巴巴、环球资源等在线交易平台（中国B2B研究中心，2009）；2010年后大量的传统企业纷纷进入电子商务领域，促进了国内与国际贸易的发展以及物流快递行业的兴起，之后便进入了快速发展时期。

电子商务目前已成为我国经济的重要增长点，据中国电子商务研究中心（2011）报告：中国电子商务交易额在2010年就已突破4万亿元，之后发展更是势如破竹，增长速度达到了2万亿元/年。2019年，中国电子商务市场规模持续引领全球，其服务能力和应用水平进一步提高。中国网民规模已超过9亿人，互联网普及率达64.5%，全国电子商务交易额达34.81万亿元，其中网上零售额10.63万亿元，同比增长16.5%，实物商品网上零售额8.52万亿元，占社会消费品零售总额的比重上升到20.7%，电子商务从业人员达5125.65万人。农村电商进入规模化、专业化发展阶段，跨境电商成为外贸转型升级的重要方向。全国农村网络零售额达1.7万亿元，同比增长19.1%；农产品网络零售额3975亿元，同比增长27%（商务部电子商务和信息化司，2020）。电子商务已经成为拉动我国国民经济增长的重要动力和新引擎（中国电子商务研究中心，2016）。

综上所述，我国电子商务的发展目前之所以如火如荼，主要源于以下两方面的原因：一方面是技术的因素。这个阶段适逢计算机技术、信息技术以及网络技术的快速发展，这几种技术的发展成熟与融合造就了电子商务的出现与发展，并随着技术的逐步成熟，更进一步促进了电子商务的发展与普及应用。实质上，电子商务是一种新的技术，也是技术创新，并且这种技术的适用范围广泛，随着这种技术的发展成熟，将会对整个社会的生产发展产生巨大的影响。另一方面是与中国经济的发展阶段相适应。电子商务是一种新的商业销售模式，改变了消费者的消费行为，促进了整个社会的消费，进而带动了社会经济的发展。同时，电子商务与企业、消费者的融合，又促进了新技术的应用推广，带动了更多领域的创新，这也是国家政策目前所主要支持和倡导的，因此得到了国家相关政策的大力支持，进一步促进了电子商务的发展。

总之，电子商务的涌现与扩展对整个经济生活和社会生活都产生了深远的影响，催生出新的商业生态和新的商业景观，进一步影响和加速传统产业的"电子商务化"，涌现出举世瞩目的电子商务经济体（阿里研究院，2015）。美国知名调查公司 Forrester（2016）发布亚太电商数据报告指出，2015 年中国电商市场规模正式超越美国，成为全球第一大电商市场。可见，电子商务这种新兴的商务模式，在社会经济的各个方面都有着不可小觑的影响作用，不仅改变了消费者与企业的传统消费与生产模式，也在进一步地改变着整个社会的经济格局或布局。电子商务虽然顺应了目前的经济发展趋势，但是在其发展过程中还是有不少具体问题需要研究解决的，比如：电子商务的发展在空间上仍然很不平等，在东部沿海或发达城市区域集聚度比较高，而在西部地区则分布较为稀疏（董国芳和张晓芳，2017）；电子商务也对实体经济的某些部门带来较大的冲击，且引起了"虚实经济"之争等。而目前关于电子商务的这些相关研究还比较少，本书认为这些问题的解决不仅能进一步补充完善已有的相关理论，也会通过实证的研究促进电子商务的发展，对与电子商务相关领域的发展具有重要的指导作用。因此，本书在分析相关理论的基础上，着重从实证方面研究以上问题，以期望能得出具体的数据结论，为相关政策的提出提供参考依据。

（二）研究意义

电子商务经过了 20 多年的发展，目前已经进入一个快速发展时期，电子商务在我国的消费领域显然是创造了一个又一个的奇迹，它不仅改变了商家的销售模式，引导了居民的消费观念，在商业领域提出了一种新的商业交易模式，而且通过电子商务平台的作用，也在改变着实体经济的生产、交易、管理等模式，它对社会经济各领域的渗透作用是无可估量的。因此，对电子商务的研究也是迫切需要的。

与此同时，电子商务的发展既要遵循传统产业发展的一般理论，又因为其以互联网为基础而有其特殊性：一方面，外部经济、规模经济等集聚理论通常关注的因素将更加凸显；另一方面，它通过降低与信息获取有关的交易成本，又可能削弱传统的产业集聚机制。这些方面不仅影响电子商务本身的发展，也会影响电子商务与实体经济间的关系发展。通过梳理相关的理论，本书对其中的机制做了系统的阐述，从而丰富了电子商务研究的理论基础。

由于电子商务与实体经济的关系在理论上存在不确定性，实证研究因而显得尤为重要。然而，由于缺乏系统的电子商务数据，其相关的实证研究并不充分。本书运用网络爬虫技术，以淘宝网 2003~2015 年电子商铺注册数据为基础，构造了可用的电子商务发展水平指标，从而能够对电子商务的发展态势进行统计测度，并系统地检验相关的理论假说。这是本书在方法论上的意义。

通过上述理论梳理和实证研究，本书表明：电子商务的发展离不开实体经济，并不是与实体经济对立的"虚拟经济"；各地的电子商务发展水平虽然很不平衡，但电子商务仍促进了区域间的条件趋同；电子商务对实体零售业的确构成了一定的冲击，并影响到了城市商业地产的价值。这些发现有助于解读和电子商务有关的重要的现实问题，也能为相应的政策制定提供依据。

二、研究思路、内容和方法

（一）研究思路

我国经济在经历了 30 多年的高速发展之后，近几年由于全球经济形势的变化，我国经济也进入到了一种低速发展的"新常态"，传统产业发展疲软，而以互联网为依托的新兴产业却势头迅猛，尤其是电子商务的发展，更是日益渗透到日常生活与生产的各个方面中。作为一种借助于互联网且受地域约束相对较弱的新兴经济——电子商务在高速发展的同时，也伴随着一些新问题的出现，如电子商务的集聚性分布问题、"虚实经济"之分的问题等，如何对这些问题做出合理的解释与实证检验，也是目前急需要解决的问题。遗憾的是，无论是官方或者其他研究机构都尚未有连续多年的、基于省级或者城市层面的电子商务指标可用，现有文献中的研究也都基本局限在某一时间点的截面分析，难以全面反映电子商务的发展状况，也难以有效揭示约束各地电子商务发展的因素。

为了实证研究以上问题，首先我们构造了代表电子商务发展水平的指标。我们通过网络爬虫工具，选取阿里巴巴集团下国内最大的网络零售平台淘宝+天猫在线平台上电子商铺作为抽样对象，选取了具有代表性的店铺作为研究对象，按照区域和行业两个标准将店铺进行分类，按区域分类方面，选取了我国 31 个省份（除台湾、香港、澳门外）332 个城市从 2003 年淘宝成立到目前存活下来的店铺，共计 162597 家皇冠以上以及天猫（包含全球购）的店铺信息；按行业分类方面，按照《国民经济行业分类代码表（GB/T 4754—2011）》划分标准，选取其中 21 个 2 位数行业，采集某一行业的具体信息。根据以上采集的数据，构造了不同区域、不同行业从 2003 年到 2015 年的面板数据，用以代表不同省份或城市以及不同行业的电子商务发展指标。

为了证明我们选取样本数据的有效性，我们将选取的 2014 年和 2015 年的样本数据与阿里巴巴通过的大数据统计方法，测度的相同年份的我国 293 个城市的电子商务指数进行相关性分析，相关系数分别为 0.8331 和 0.8899，其相关程度较高。因此，认为我们搜集的样本数据能较好地代表我国不同地区电子商务的发展水平。

在研究电子商务对我国区域经济趋同的作用时，我们选取 2000~2015 年我国 31 省份的面板数据进行分析，但是为了避免短期异常波动情况的发生，我们将时间跨度均设为 4 年一个阶段，形成 2000~2003 年、2003~2006 年、2006~2009 年、2009~2012 年、2012~2015 年共计 5 个时间段，来计算区域内各经济变量不同阶段的增长率，形成了新的面板数据，同时又考虑了区域间的空间相关性，在模型中引入空间滞后及空间误差效应，采用空间面板模型分析区域经济问题。

另外，在研究电子商务对实体零售业空间分布的影响时，我们通过研究电子商务对商用房价的影响，来考察对各城市零售业空间分布的影响。这里为了更准确地研究电子商务对商用房价的影响，我们选取了"商用房价/住宅房价"这样一个指标作为模型的被解释变量，这样做的结果就是可以消除对商用房价和住宅房价共同影响的一些因素，有效地减少了模型的内生性问题。

本书总体思路框架图如图1-1所示：

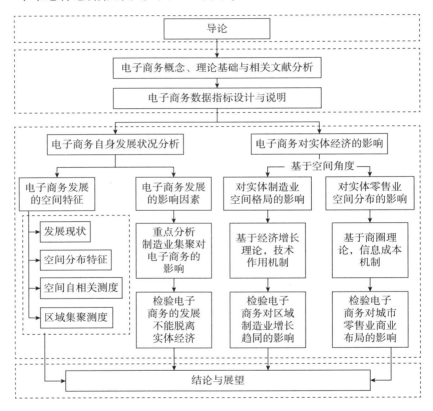

图1-1　本书的思路框架

（二）内容安排

基于以上的研究思路，本书主要的研究内容安排如下：

第一章为导论。主要介绍了本书的研究背景与意义；电子商务的相关概念包括电子商务的定义、发展、分类和特征等；本书的研究思路、研究内容和研究方法；本书可能的创新点以及不足之处等。

第二章为理论基础与文献综述。该部分主要对与电子商务相关的已有理论和国内外关于电子商务的研究现状进行回顾和评述，理论上主要从创新理论、信息经济与网络经济理论、交易费用理论、规模经济与集聚经济、有效市场效率理论等进行分析；文献回顾方面主要从电子商务的空间分布特征、电子商务空间分布的影响因素、电子商务对区域经济增长趋同的影响、电子商务对传统实体零售业空间分布的影响等方面进行梳理分析。

第三章为电子商务测度的指标设计及数据说明。本章详细介绍了本书所用的测度电子商务发展水平的数据来源，根据数据抽样设计原则、数据的可得性以及研究的问题进行样本范围、抽样框的确定等，并对所抽取到的样本结果进行了有效性检验等。

第四章为我国电子商务的发展及空间分布测度。首先，介绍了我国电子商务的发展趋势与现状。其次，我们采用测度传统产业集聚程度的指标——区域基尼系数，分空间层面和产业层面测度分析了我国电子商务的集聚情况。最后，我们用全局莫兰指数、局部莫兰指数以省为单位测度并分析了我国电子商务的空间自相关性。

第五章为我国电子商务空间分布的影响因素。本章首先分析了淘宝电商与其相应制造业的空间分布特征及产业集聚变动趋势，进一步根据马歇尔的外部性经济理论提出了影响电商空间分布的因素，其次也考察了人口规模、互联网普及程度、交通物流环境、人力资本等因素对电子商务发展的影响，并采用面板数据进行实证分析，最后根据结论提出了一些促进我国区域电子商务发展的建议措施。

第六章为电子商务对制造业增长趋同的影响。首先分析了与淘宝电商相对应的日用消费品制造业、全部制造业和地区经济发展趋同情况，以及他们的空间自相关特征等。其次，依据经济绝对趋同、条件趋同两个理论框架，构建空间面板数据模型，实证检验 2000~2015 年我国各省日用消费品制造业、全部制造业是否存在经济增长的绝对趋同以及条件趋同，同时也重点考察电子商务对这两个层面经济增长的 β 条件趋同的影响程度。最后出于稳健性考虑，我们进一步扩展到电子商务对整个区域经济趋同的影响。

第七章为电子商务对实体零售业空间分布的影响。本章首先通过分析目前有大量的实体店铺倒闭现象，引出其可能原因是由于电子商务的发展促进了信息的流通，降低了信息搜索成本所致。其次通过构造商用房与住房价格比作为商用房价格的代理指标，同时引进商/住房投资比、商/住房新开工面积、交通状况、城市化率等控制变量，实证分析电子商务对商用房价的影响，并根据信息成本这一商圈形成机制来解释电子商务对零售业空间分布的影响。

第八章为结论与展望。

（三）研究方法

本书在研究的过程中主要采用以下研究方法：

1. 多种统计方法综合运用

①描述统计方法的运用，如综合运用图表、概括分析、对比分析等方法分析电子商务的分布特征；②空间测度方法的运用，如空间基尼系数、空间自相关系数等的综合运用等，从不同角度分析了电子商务的空间分布特征。

2. 面板及空间面板计量模型

本书主要运用了面板及空间面板计量模型，这样做的优点主要有：可以控制空间相关性；考虑变量间的动态关系和结构变迁；控制截面和时间效应；削弱内生性问题等，如运用动态面板下的 GMM 处理内生性问题等。本书具体用到的计量分析方法主要有：OLS、固定效应回归、随机效应回归、广义矩估计、一阶差分回归、工具变量回归、空间误差效应回归、空间滞后效应回归等。

3. 理论研究与经验研究相结合

本书对文中具体某个问题的研究，采用的方法基本都是在理论分析的基础上提出相关假设，然后再构造相应的模型进行实证检验分析。

三、潜在的创新点

本书力图在以下四个方面开展创新性工作：

第一，推进电子商务发展和空间特征的动态变化规律研究。关于电子商务发展和空间特征的研究，国内外有不少学者开展了这方面的研究并已形成较为丰硕的成果，但这些研究主要基于某一年度我国各地区电子商务特征分布的研究，缺少对电子商务发展及特征变化规律的动态研究分析。本书基于淘宝电商数据，采用网络爬虫技术，采集 2003~2015 年存活的店铺数据，形成面板数据，不仅分析了我国不同省份、城市层面历年电子商务的空间特征，而且进一步将不同地区电子商务历年的发展状况进行了对比，分析其变化趋势及发展规律。

第二，完善电子商务空间特征影响因素的实证研究。现有电子商务影响因素的研究文献，主要采取截面数据的计量分析方法，本书的研究采用了面板数据的分析方法，并引入了个体效应、时间效应，同时考虑其他因素与电子商务可能存在的互为因果关系，为了减少模型中内生性问题，在计算过程中进一步试探性地寻找了更为合适的工具变量；并通过固定效应回归、工具变量估计和广义矩估计等方法，尽可能削弱由内生性引起的估计不一致及非有效性问题，从而提高估计结果的稳健性。

第三，补充及完善经济增长趋同问题的研究。本书将电子商务作为一种技术创新因素，引入经济增长趋同模型，研究其对地区制造业增长趋同的影响。在目前已有的研究中，虽然部分文献也考虑了包括互联网在内的技术因素，但通常只是简单的以时间因素代替，并不能真正识别出新兴技术的作用，本书具体地将电子商务技术纳入其中，实证研究这种新兴技术对区域经济增长趋同的影响。另外，本书对经济增长趋同的研究，首先从对日用消费品制造业增长趋同开始；其次过渡到整个制造业趋同的分析；最后拓展到整个区域经济趋同的分析，这比传统经济趋同问题的研究更加具体，且更有针对性。

第四，增加电子商务对实体零售空间格局影响实证方面的证据。电子商务的出现使零售业不再完全依赖于实体店面，原有的"黄金旺铺"可能贬值，近年甚至出现了一些实体店关门、传统商圈倒闭的现象，影响了城市实体零售的空间分布。许多学者也注意到了此现象，由于数据的缺失，现有大部分文献研究都停留在理论分析层面上。本书通过构建计量模型，研究电子商务与商业地产相对价值间的关系，检验电子商务对实体零售业及其集聚形态的影响，并由此识别商圈形成中的信息集聚机制，进一步补充此类研究实证层面的佐证材料。

理论基础与相关文献综述

一、电子商务的相关概念梳理

（一）电子商务的定义

我们通常认为的电子商务（Electronic Commerce）是指企业、机构或者个人利用电子媒介或网络进行的商务活动（雷晓健，2014）。电子商务作为21世纪才发展起来的新型经济形态，随着其运用的普及和深入，各种新问题层出不穷，其相应的应对方案不时地应运而生，电子商务不管是在内涵上还是在外延上都发生了很大的改变，因此到目前为止其还没有一个明确的公认的统一的定义。不同学者、组织、政府机构各自从自己专业角度出发给出了不同描述的电子商务定义。下面我们列举了一些比较常见的电子商务的定义。

（1）1997年的世界电子商务大会主要从技术角度定义电子商务，指实现整个贸易活动的电子化。首先从交易方式来看主要指交易的各方以电子贸易的方式；从技术方面则将其定义为一种多技术应用的集合体，包括电子数据交换，共享数据库，自动捕获数据如条形码、卡应用以及电子公告牌等（邵兵家等，2003）。

（2）R. Kalakota 和 B. Winston（1997）从通信技术、业务流程、服务三个角度对电子商务进行了解释："从通信技术角度来看，电子商务就是通过计算机网络、电话或其他电子方式作为媒介进行产品流、资金流、服务流以及其他信息流的传送过程；从业务流程角度来看，电子商务是一种提高业务流程自助化的技术应用；从服务的角度来看，电子商务是一种降低商家服务成本，提高其服务质量的工具。"

（3）世界贸易组织的定义：电子商务是通过电信网络进行的生产、营销、销售和流通活动，它既包括基于互联网上的各种交易活动，也包括其他所有利用电子信息技术进行的商业活动，比如利用互联网或者其他电子信息技术手段实现从原材料查询、采购、产品展示、订购到出品、储运、电子支付等一系列的贸易活动（王硕，2007）。

（4）联合国经济与发展组织对电子商务的定义：在开放网络上发生的包含企业与消费者、企业与企业之间的商业交易活动（程光，2012）。

（5）欧洲委员会的定义：电子商务就是运用电子方式开展商业之间的交易，将数据（文字、图片、音频和视频各类数据）的电子化处理和传输作为基础，同时涵盖了各种各样大量的内容如技术交流利用、电子化处理后数据的网络间传输、数字单证、在线支付、在线治谈、产品市场营销、大宗产品的电子化买卖和索赔等服务。包含了商业交易中的各种商品和服务，其涵盖了教育、医疗、休闲、娱乐等各种活动形式，同时涉及了从生产到销售到事后维修等整个产业过程（杨璐，2014）。

（6）李琪（1997）认为电子商务是指具有一定商务规则的专业人士运用专业化的工具，通过互联网或者局域网的信息技术网络进行实体商品和虚拟商品（游戏点卡、充值及各种服务）在内的商品信息管理、商品销售、商品物流管理、售后服务等全过程的总称。

（7）翁君奕（2004）则将电子商务解释为："企业通过互联网将企业内部网络和与企业有关的其他外部网络相结合，开展交易及与交易有关的一系列商务活动。"

我国学者杨善林（2002）、张润彤（2003）、俞立平等（2012）将电子商务的定义划分为广义和狭义两个方面：广义的电子商务（Electronic Business，EB）是指通过互联网技术而使企业的核心业务流程再造的过程，包括企业内部业务部门之间的，企业与分销商、原材料供应商、零售商之间以及企业与政府部门之间的各种商务关系，客户与产品或服务提供者之间的商业关系。通过网络实现信息共享，实现企业间业务流程的电子化，配合企业内部的电子化生产管理系统，提高企业的生产、库存、流通和资金等各个环节的效率，简单来说就是指通过电子途径实现的商务及金融交易活动；狭义的电子商务（EC）是指仅通过互联网开展的交易或者与交易有关的商品买卖活动，包括商品和服务的提供者、广告商、消费者、中介商等有关各方行为的总和。

综上所述，各种电子商务的定义表述，虽然其侧重点或者内涵不完全相同，但是电子商务还是有其本质特征的。笔者认为主要包含以下两个要点：第一，电子商务发展的技术基础是网络信息通信技术，并且必须依托互联网平台才能进行；第二，电子商务是信息化时代对商业活动的理论与实践的升级，它将商业活动分为两个层面，一是信息流的传输，二是实物流的运送。而电子商务最显著的特性是跨时空性、虚拟性、网络交互性等。本书研究的电子商务属于狭义层面的电子商务。

（二）　电子商务的分类

1. 电子商务平台的分类

按照电子商务平台经营的范围、性质以及其在电子商务交易过程中所起的主要或者整体功效，将其分为两种类型——超市型电子商务平台和自营型电子商务平台（薛玉林，2015）。

超市型电子商务平台则更多扮演交易中介角色，因此也称为第三方电子商务平台，平台本身更像传统市场的管理者，第三方企业租用其虚拟空间，利用其成熟的产品发布系统、在线交易系统、评价系统，完成与消费者在线交易、交流及分享对其信用评价等支撑服务。这类平台需要解决的主要问题是如何保证买卖双方信任、交易整个过程的信息安全及其功能完善的商品信息查询、商品质量评价、产品售后、物流传送、安全保障等信誉服务机制，以吸引更多的商家入驻和消费者的查询，从而达成更大的交易流量。这类电子商务平台竞争力的主要指标包括会员数、商户入驻率、网站的点击率、成交量。这些指标越高，形成所谓的"眼球经济"，随之而来的是资本市场的青睐，因此超市型电子商务平台对普通消费者大都采用免费政策。随着 Web2.0 技术的发展，社交网络平台以不可阻挡之势兴起，其最大特点是拥有巨量用户，其天生拥有超市型平台所追求的指标。

近年来超市型电子商务平台正在逐渐分化成两种主要类型：一种是以淘宝网、当当网、京东商城、苏宁易购为代表的传统卖场式的电子商务平台，他们充当买卖双方的交易中介，并为买卖双方提供技术支撑；另一种是以微信的微商、大众点评网、豆瓣网等社交式的电子商务平台，这类社交式的电子商务平台主要借助为其用户提供交流、分享、评论、推荐、社交等商务功能，从而实现为第三方企业和商户推送广告以及提供与消费者社会化互动等支撑服务，最终形成交易。

自营型电子商务平台的企业拥有自建的电子商务平台，借助互联网进行企业商品的市场推广、产品营销、销售以及售后服务等业务，从而为本企业提供销售、售后服务以及下一步产品生成计划等一系列商务活动的决策、管理、支撑服务。例如凡客诚品、麦考林、佐丹奴等都属于自营型电子商务平台，这些企业的产品是该平台运营的主要基础。相对于传统经营方式，其开展网络零售属于企业经营方式的一种创新和延伸，企业的共同目的是拓展本企业的产品市场，从而提高其整体竞争优势。

2. 电子商务模式的分类

电子商务按照运作方式、交易内容、囊括范围、交易对象等分类标准，可划分为多种不同的类型。

按照商业活动运作方式的不同，可以将电子商务划分为完全电子商务和非完全电子商务。完全电子商务是指在交易过程中的信息流、资金流等整个商务过程都可以在网络上实现的电子商务。非完全电子商务是指整个交易的交易行为或过程不能完全依靠网络来完成，需要借助一些外部因素才能完成。

按照电子商务交易内容进行划分，电子商务划分为直接电子商务和间接电子商务。直接电子商务是指商家直接在网上以电子形式将数字化的产品或服务传送给消费者，并收取一定费用的交易活动，如电子充值、游戏点卡售卖、电子书等都属于直接电子商务。间接电子商务，是指交易的内容为实体产品，商家借助于互联网发布产品信息并进行销售，用户通过在线零售平台完成商品订购、支付等部分交易流程，但是产品的运输、售后仍然需要线下进行，它只是借助互联网这一新型技术手段降低了交易成本，从而提升商品或资金的流转速度，但在本质上依然是传统的贸易方式。

按照电子交易所涉及的网络范围大小，可以将其划分为本地电子商务、远程国内电子商务和全球电子商务三类。本地电子商务是指交易双方利用本地的信息网络，可以是城域网也可以是本地局域网，且交易双方都在本地范围内进行的电子商务活动，交易的地域范围较小，如本地论坛中同城交易、校园论坛发布校内交易等都属于本地电子商务。远程国内电子商务是指发生在本国范围内任何地方之间的网上电子交易活动，相对于本地电子商务，不仅对软硬件和技术要求较高，同时对城市间公路、铁路等物流设施甚至不同地区间贸易政策、银行金融系统都有一定的要求。全球电子商务是指通过互联网在全世界范围内所进行的电子交易活动，不仅从技术上更为复杂，而且从其业务内容上更为复杂，因其涉及交易双方国家的贸易政策、关税、汇率、物流等各个方面，数据来往也多且复杂。

最常用的分类方式是按照其参与和服务的交易对象进行划分的，主要分为四类交易模式：企业对企业的电子商务（Business to Business，B2B），企业对消费者的电子商务（Business to Consumer，B2C），消费者对消费者的电子商务（Consumer to Consumer，C2C），企业对政府的电子商务（Business to Government，B2G）。另外还有新兴的消费者对政府的电子商务以及以消费者为中心和以供需方为目标的电子商务模式。以下主要介绍前四种交易模式：

（1）企业对企业的交易模式，这方面我国典型代表为阿里巴巴、慧聪、中化、环球资源等。企业与企业之间通过互联网或者其他专用网络开展商业活动，通过互联网进行商业活动数据信息的交换、传递。传统的企业间的交易往往要耗费企业的大量资源和时间，无论是销售和分销还是采购都要占用产品成本。与企业间的传统销售相比，B2B电子商务交易的双方依托于互联网技术及其建立的各种商务交易平台，可以几乎不受空间、时间约束地进行产品供求信息的发布、查询、定购、货款支付及票据的生成、传送和接收、配送方案确定以及配送过程监控等一系列商务交易过程，减少了企业间交易的管理费用，降低了企业的交易成本。

（2）企业对消费者的交易模式，就是我们经常看到的企业直接把商品卖给用户，即"商家对消费者"模式，商家通过互联网以及相应的零售平台直接向消费者销售产品和服务。B2C又可分为直销型B2C、中间商型B2C和第三方平台型B2C三种交易模式，是最早产生的电子商务模式。

直销型B2C是指制造商自己构建电子商务交易平台，借助互联网向消费者销售自有制造产品的模式。这种模式极大地缩短了供应链长度，减少了很多中间的流通环节，降低了交易费用和管理费用，从而进一步提高产品的利润率；另外由于厂商直接与消费者进行在线交易，获取市场信息更及时，厂家能够根据市场信息快速地做出调整。直销型 B2C 模式代表厂商有苹果公司、戴尔公司、联想公司等，他们共有的特征是公司具有完善的商务流程，并构建了专业化的信息系统以及成熟的网络在线零售平台。

中间商型 B2C 是指中间商自己建立互联网电子商务平台，借助互联网向消费者销售多种类型商品的商业模式，这些中间商相当于传统零售中的超市、购物中心等，其典型的代表是京东网、苏宁易购、当当网、一号店、国美在线。该种模式类似于传统大型超市或者商场，平台的典型特点是提供了种类繁多的产品，如数码产品、家电、家居、图书、日用品、服饰和其他服务产品等所有均可在网上销售的商品，该种模式中间商一般实力雄厚，具有较好的声誉与信誉，通常建有自己的物流配送系统，因此其配送速度以及售后服务更有保障，并且支付方式比较灵活，可以支持货到付款在内的各种支付形式。近年来随着电子商务的发展，该模式的代表平台不再完全属于中间型 B2C，其也兼具有第三方平台型模式。

第三方平台型 B2C 充当角色是信息中介，为交易双方提供产品信息查询、产品订购、结算、运输、质控以及交易安全保证的电子商务平台系统，其平台本身系统功能完善，且具有较高的知名度、点击率和流量，平台对应的企业不直接从事具体的电子商务活动，卖家自己负责产品的配送以及产品售后服务，但是当交易双方发生纠纷无法处理时，平台将会介入处理，从而保证买卖双方的利益。该模式的典型代表就是天猫商城。

（3）消费者对消费者的交易模式，即 C2C。C2C 这种商业模式本质上与第三方平台型 B2C 区分不大，平台本身只是一个提供交易信息和服务的场所，平台仍然充当信息中介的角色，两者的不同一是 C2C 中的交易双方可以是个人与个人，而平台型 B2C 交易双方是企业对个人，二是第三方 B2C 模式主要利用平台自身的品牌知名度以及相当严格的准入制度来确保通过其平台销售的产品的质量，而 C2C 交易平台重点在交易安全保证上，对卖家准入要求门槛较低，卖家数量过多，因此很难对其平台上销售的产品提供严格的品质保障。近年来两者界限不再明显，比如我国最大 C2C 在线网络平台——淘宝上也有很多中小企业入驻，其他著名 C2C 模式代表有亚马逊、eBay 等。

（4）企业对政府的交易模式，即 B2G。企业对政府机构的电子商务，指的是企业与政府机构之间通过网络所进行的交易活动，比如电子通关、电子报税、网上采购等。政府采用电子商务方式发送进出口许可证；企业通过专用网络在线办理交税、退税；政府机构在网上进行产品、服务的招标和采购等。采用 B2G 模式，政府业务处理具有高效、信息量大等特点，提高了政府办公的公开性与透明度；对于企业，通过互联网或者专用网络完成与政府的传统经济活动，使企业减少中间环节的时间延误和费用，同时又可以及时地了解政府的动向。

随着电子商务的应用和发展，除了以上分析的几种常见的电子商务模式外，国内外学者还从其他角度对电子商务模式进行了分类研究。

Paul（1998）基于创新和功能集成程度提出了电子商店（e-Shop）、电子商城（e-Mall）、电子采购（e-Procurement）、网络拍卖（e-Auction）、协作平台（Collaboration Platforms）、信息中介（Information Brokers）以及信托服务（Trust Service）、虚拟社区（Virtural Communities）、第三方市场（3td Party Marketplace）、价值链服务提供商（Value Chain Service Provider）、价值链集成商（Value Chain Intergrator）共 11 种电子商务模式。

Armir 等（2000）从交互模式和价值链角度提出了电子商店（E-Business Store）、信息中介（Informediary）、信用中介（Trust Intermediary）、电子商务使用者（e-Business Enabler）以及基础设施提供商（Infrastructure Providers）共五种电子商务模式。

Michael R. Vital 和 Peter Weill（2001）认为，可把电子商务模式拆分为由商流、物流、信息流和资金流等若干个元素组成，或者是企业、客户、供应商和商业伙伴等元素构成。不同的电子商务模式可看成由一个或多个元素的组合而成。

荆林波（2001）按照"商业模式"来定义电子商务，其将电子商务划分为七种模式：既可作 B2B 又可作 B2C 的兼营模式，包括政府和公司采购的单位采购模式、供应链模式、目录模式、直接交换模式、中介服务模式、拍卖模式。他认为企业为了满足市场需求，可能不仅仅采取一个模式而是选取多个模式的组合来达到盈利的目标。

袁新龙、吴清烈（2003）从企业本身出发，将企业看成一个有机的系统，之后结合企业层次和结构及它们之间的联系将电子商务模式划分为：虚拟社区、网上黄页、电子商店、电子采购、电子拍卖、电子购物中心、信息中介、第三方交易市场、价值链服务提供商、价值链整合商共计十种类型。

本书研究的主要是基于淘宝网上的电子商务，故主要涉及按照常见的电子商务交易对象所划分的 B2C 和 C2C 电子商务模式。

（三）电子商务的特征

电子商务作为一种新型商务活动形式，其与传统商务活动相比具有自己的特征，其主要表现在如下几个方面（杜梅，2001）。

（1）电子商务提升了交易各方的信息获取和占有能力，降低了交易成本。第一，电子商务使交易双方通过网络进行商务活动，双方可以基本不受空间以及时间约束地完成交易，有效地节省了信息搜索的时间成本和交通成本。第二，交易过程无须中介参与，减少了交易的中间环节。第三，卖方还可通过互联网对产品进行精准的广告投放，相对"广撒网，多敛鱼"模式的传统广告更加有效地节省了成本。第四，电子商务将传统纸质贸易信息流转化为电子贸易信息流，节约了文件处理费用以及管理费用。完成一项电子商务的交易，通过计算机甚至是手机即可及时方便完成，距离越远，网络上进行信息传递的成本相对于信件、电话、传真而言就越低。第五，企业通过互联网把企业内部与外部紧密地联系起来，使企业对外部市场信息反映更加及时，可以有效地降低企业产品的库存，从而提高企业应对风险的能力。第六，电子商务促进了物流行业的发展，物流行业发展产生的规模经济，可以进一步降低产品的运输成本。

（2）电子商务提高了交易效率，优化了资源配置。在传统贸易方式中，由于信息的获取、传输受时间、空间以及人员合作等的限制，因此信息传输花费的时间成本高且效率低下，常常会贻误商机。电子商务的出现从技术上解决了传统商务中交易速度慢、信息误差大、交易费用高等缺点，极大地提高了交易的速度、获取信息的准确性以及交易效率，大大地降低了交易的费用。传统商业活动中的信息流、物流、资金流的传递相互独立，电子商务利用网络技术将它们加以整合，形成一个完整的闭合系统。电子商务通过将贸易中的商业报文标准化，使世界各地系统都能正确识别，从市场需求的获取，原材料采购，产品的生产、销售，银行对账，货物托运以及海关申报等过程全程交由计算机处理，不需要人员干预，并能在最短时间内完成。电子商务通过将商务流程规范化，使电子信息处理和人工操作成为一个不可分割的整体，使商务流程运行更加严密，同时也使资源的利用程度更加高效，这有利于资源配置优化和经济运行效率提高。

（3）电子商务使市场交易更加透明化并使市场交易转向虚拟化。电子商务具有充分的信息供应、传递与互换，其整个交易过程都有记录，最大限度地防止虚假信息，为交易各方提供相对充分、对称的信息，使交易进程进一步透明化。另外，电子商务提供了完善的功能，使交易各方不管是从贸易的磋商、契约签订还是货款的支付，都可在线完成，均不需要交易双方面对面处理。交易双方通过电子商务系统进行电子合同的签订、货款支付、产品配送、信用评价，来完成整个交易。整个交易活动的全部或部分都在互联网这个虚拟的环境中进行。交易市场的虚拟性、互联网技术、计算机软件的快速发展及普及，大大增加了消费者与生产者或经营者直接沟通的可能性，从而降低整个市场的运营成本。

（4）电子商务促进了市场开放和经济一体化。彭凯翔（2015）认为地域空间的限制是影响市场一体化的重要因素，陈敏等（2007）研究发现地方政府的保护政策是影响市场一体化的另一重要因素。电子商务的出现有利于突破传统的地域空间以及地方保护等市场流通障碍，促进市场进一步开放。电子商务所提供的网络市场，让只要是全世界能访问到互联网的地方，都可以进行访问与交易，因此是具有高开放度的无形市场或无限市场，相对于受限于空间和消费人群的传统市场，更容易克服市场供给与市场需求间的信息障碍与时间成本等，从而促使市场进一步开放。另外，电子商务有利于加强国家不同区域市场之间的联系，促进国内市场一体化，同时也有利于跨国市场之间的联系，形成全球市场一体化。电子商务发展带动下的市场开放，使不同市场间的时间与地域空间距离缩短，有利于进一步深化不同国家、区域之间的分工与合作，从而提高全球的经济资源配置效率。

综上所述，以互联网为技术支撑的电子商务，由于其具有开放、透明、不受时空限制等特点，有利于促进世界经济一体化和区域化，是电子信息技术和生产力发展到一定历史阶段，人类社会经济活动市场化进程进一步深化的必然产物。

二、理论基础

通过梳理与电子商务研究的相关经济理论，本书认为经济理论中的创新理论、信息经济与网络经济理论、交易费用理论、规模经济理论、有效市场理论是对电子商务进行经济学分析的理论基础；电子商务的产生和发展不仅补充丰富和进一步完善了这些理论，而且对其中某些传统观点又提出了新的挑战。以上这些理论观点，有的具有一般的、共同的指导意义，有的则具有特殊的、具体的指导意义，但它们都在电子商务的实践中发挥着重要支撑作用。

（一）创新理论——技术创新理论与制度创新理论

1. 熊彼特的创新理论

自产业革命以来，科学技术就创造出了巨大的社会经济效益，科学技术与社会产出的紧密配合成为促进经济发展的巨大动力，而电子商务是伴随着第三次产业革命（信息技术革命）的发生而出现的一种新型商业模式，这种商业模式打破了传统的商品交易方式，对企业的生产与消费者的消费观念、行为等都产生了重要的影响，可以说是改变了社会原有的生产、交换、分配、消费的正常秩序，是社会经济生活的一次重大变革，究其经济理论渊源最重要的应该是创新理论。

创新（Innovation）一词来源于拉丁语，包含有三层含义：一是指更新，二是指创造新的东西，三是指改变。其应用领域非常广泛，美籍奥地利经济学家约瑟夫·熊彼特在 1912 年出版的《经济发展理论》一书中，首次提出创新的概念和思想并逐步形成理论。约瑟夫·熊彼特（1990）所定义的创新在经济上表现为生产要素的重新组合，认为"创新"就是建立一种新的生产函数，把一种从未有过的生产要素和生产条件的"新组合"引入生产体系，打破经济的循环流转，引发产业革命。熊彼特的这种"新组合"涵盖了从技术到市场，从制度到组织的一系列关系到生产发生变化的因素，它既可以存在于各种生产要素之间，也可以拓展到科学、技术、经济和社会的各个层面上。熊彼特主要从以下五个方面来阐述经济生活中的创新：①采用一种新的生产方法，此方法尚未通过有关制造部门的经验鉴定，其并不需要基于科学新发现而建立，而是存在于商业上处理一种产品的新方式之中。②采用一种新的产品，所谓"新"指的是消费者尚不熟悉的一种产品或是产品的一种新特性。③开辟一种新市场，也就是国家的相关制造部门先前尚未涉足过的市场，该市场先前在其他国家存在与否并不予以考虑。④掠夺或控制原材料或半制成品的一种新的供应来源，这种来源是否已经存在还是首次创造出来均不予以考虑。⑤形成任何一种新的工业组织，最常见的如形成一种新的垄断或打破一种旧有的垄断。熊彼特早期认为企业家的职能就是进行创新，引进新组合，创新就是企业家活动的结果，随着社会经济的发展，其后来在《资本主义、社会主义和民主主义》著作中进一步拓展了创新概念，将"发展"和"变动"的观点引入其中，认为创新是一个"内在的因素"。熊彼特把创新看成是由企业行为内生决定的，认为创新不单纯是企业家的随机行为，更主要的是企业为了发展壮大而自觉投入与发展活动的结果。

综上所述，熊彼特的创新理论我们可以简单理解为：市场均衡是一种常态，创新就是要打破这种均衡或者是常态，实现要素的重新组合，在进行"创造性的破坏"之后，实现更高的经济效率，市场也逐步在新的层次上实现新的均衡。

2. 熊彼特创新理论的发展

自从熊彼特提出创新概念之后，对创新的研究形成了一股热潮，且逐渐形成了两条相对独立的研究路线：一条是技术创新经济学，其以技术变革和推广为研究对象；另一条是制度创新经济学，其以制度变革和推进为研究对象。

其中技术创新经济学主要由三个流派构成：一是技术创新的新古典学派。该学派以索罗、阿罗、阿布拉莫维茨为代表，他们运用了新古典生产函数原理，表明经济增长率不仅取决于资本和劳动两大因素，也取决于随时间变化的技术创新这一因素。Solow（1951）提出了创新成立的两个条件，即新思想的来源和以后阶段的实现和发展。这种"两步论"被认为是技术创新概念界定研究上的一个里程碑。Solow（1951）明确地将技术因素作为外生因素引入其构建的经济增长模型，并用实证分析的方法分析了1909~1949年技术进步对美国经济的贡献率。二是技术创新的新熊彼特学派。该学派以 Mansfield（1968）为代表，以熊彼特的传统思想为理论依据，突出技术进步和技术创新在经济发展中的中心地位，将企业家作为推动创新的主体，重点研究企业的组织行为及其对技术创新的影响，具体包括创新扩散、演进理论、路径依赖以及企业战略等，并提出了一系列技术创新模型，如企业家创新模型、线性模型、创新周期模型等。三是技术创新的国家创新系统学派。该学派以弗里德曼、纳尔逊等为代表。该学派通过对日本经济发展的情况进行研究，他们认为创新不是孤立行为，也不单是由企业家推动，而是由国家创新系统推动的。国家创新系统不仅是参与和影响创新资源的配置及其利用效率的行为主体，同时还是创新资源配置的关系网络及其运行机制的综合体系。

制度创新理论主要是以科斯、诺斯为代表的新制度经济学派（段文斌等，2003）。该学派以新古典经济学的一般均衡方法和比较静态均衡方法来研究制度，取得了较大的进展。他们提出了交易成本、产权等的概念，由于交易成本的存在，制度将会影响资源配置的效率，解决市场失灵的关键在于制度安排，经济增长的源泉不是技术进步和技术革新而是有效率的制度安排。

3. 电子商务与创新

由以上分析可知，创新包括制度创新和技术创新，二者相互影响、相互制约。电子商务的形成和发展过程中既包含技术创新又包含制度创新，是这两种创新共同作用的结果，是创新理论在商业中的具体运用和实践。企业由于内在的利润驱动力和外在的市场竞争压力，促使其不断地尝试技术创新，而技术创新又会进一步推动相应的制度创新。企业在创新的过程中，不断打破原有的生产、销售模式，建立新的相应的生产、销售模式，以实现更高的利润，达到更高层次的均衡。电子商务的产生从技术的角度来看，其实人们利用电子商务通信的方式进行贸易活动已经有几十年了，企业间电子商务应用系统的雏形最早可以追溯到 20 世纪 70 年代，如企业间的电子数据交换（Electronic Data Interchange，EDI）和电子资金传送（EFT）。电子数据交换主要是通过增值网络（Value－Added Networks，VAN）实现的，交易双方通过 EDI 网络，将交易过程中生成的一系列单据，如询价单、报价单、订购单、货物托运单、转账发票、收货通知单和保险单等，以规定的标准格式转换为数据报文，通过双方的计算机系统进行端对端的数据传送。EDI 对技术、设备、人员有较高的要求，而且价格也比较昂贵，因此，并没有被广泛应用。后来随着计算机网络的发展，才逐步使电子商务发展起来。实际上电子商务的发展主要是得益于以下几个方面的实现：①计算机的广泛应用。计算机越来越快的处理速度与较低的价格使其应用越来越广泛，这为电子商务的应用提供了前提。②互联网的普及和成熟。随着通信及互联网应用技术的成熟以及宽带网络的普及，互联网已经成为人们日常交往、交流与交易的最主要媒体，用户群体大，信息传输具有安全、方便、实时、准确、成本低等特点，这为电子商务的发展提供了便利的条件。③电子商务交易平台的出现及不断完善。各种类型电子商务交易平台将产品信息的发布、查询、购买、支付、物流递送、单据生成、交易过程监控、售后服务等一系列流程链接起来，形成一个闭环，交易的双方根本不需要关注这些烦琐的流程，就能顺利地完成交易，这为电子商务的发展提供了有力的保证。④政府的支持与推动。电子商务受到世界各国的重视，许多国家开始尝试"网上采购"并逐步制定相应的发展规则，这为电子商务的发展提供了有力的支持。

可见，由 EDI 电子商务到 Internet 电子商务的发展过程，正是电子信息技术创新与商务活动制度创新的过程，也就是新技术与新规则逐步运用与确立的过程。从技术上看，从封闭专用网络（EDI）发展到开放的公共网络（Internet）是电子信息技术创新的结果。从市场范围和商业模式上看，EDI 电子商务仅存在于特定的用户团体内部，贸易伙伴有限，而 Internet 电子商务的市场范围可扩大到全世界网络普及的地方，贸易伙伴数量庞大，可进行 B2B、B2C、C2C 等形式的交易，这必然涉及不同国家、不同地区制度、政策的协调，故电子商务的发展过程包含了市场范围与结构、商务活动模式、信用、贸易政策、金融政策等内容的制度创新。可见，电子信息技术创新与制度创新是电子商务形成和发展的前提条件。因此创新理论是电子商务形成与发展的一个重要的经济理论基础。

（二）信息经济与网络经济理论

斯密、马歇尔、马克斯·韦伯和约翰·穆勒等都提到了信息问题。信息经济学的概念最早是由斯蒂格勒（1961）在《政治经济学杂志》上发表的《信息经济学》中提到的，把信息作为"一种主要的商品"来研究。但是最早把信息引入主流经济学分析中的则是阿罗（1989），他把信息、不确定性和经济活动之间的关系联系在一起。之后在主流经济学中，开始出现了一些对信息与市场效率的研究，尤其是对信息不对称和市场不完全性的研究，开创了现代不完全市场理论和经济分析，再后来又出现了对信息与市场结构的研究。其理论主要包括信息搜寻和信息成本、逆向选择理论、信息甄别理论、信号显示理论、私有信息与资源配置和市场失败、非对称信息和刺激机制的设计、信息与经济组织理论、不完全信息条件下的经济行为模式、不完全信息和噪声对竞争均衡和垄断的影响等等。这些理论大大增强了主流经济学的解释能力，对传统经济学起着重要的补充和发展作用。

同时，有别于上述将信息问题引入一般经济活动的理论研究，国内信息经济学文献将信息经济本身作为一种对象来探讨。这类文献关注的是信息经济在整个国民经济中的地位和比重以及信息对国民经济的贡献，主要有两种观点：①将信息经济作为国民经济部门，与农业经济、工业经济相对应，是指国民经济中所有与信息活动有关的经济活动领域；一个国家处于信息经济状态意味着其服务业的从业人数大于制造业和农业的从业人数。②将信息经济作为一种社会经济结构，从与物质和能源经济相区分角度来看，指信息成为经济结构的主要成分，而物质和能源的利用缩小，即产品和劳务中智力和信息的比重大于物质和能量的比重，若将信息经济与物质经济或能源经济相对应，则认为其是从一种形态向另一种形态转换的相关经济活动总称。另外信息经济也有狭义与广义之分，狭义的信息经济是指信息部门的经济，不涉及同时存在的农业、非信息经济的制造业和服务业等其他经济部门；广义的信息经济是指信息社会的经济，是以信息产业为主导，现代信息技术等高新技术为物质基础，基于信息、知识、智力的一种新型经济。

网络经济与信息经济的联系最为紧密。网络经济直接为信息经济提供技术基础，有力地促进了以信息为对象的相关产业的发展。对网络经济定义得比较全面的如财政部部长项怀诚，他认为网络经济实质上是通过不断进步的技术创新手段，连接全球生产、消费网络，降低交易成本，扩展市场作用范围，改进生产要素组合方式，促进经济结构调整和生产率提高，逐步实现以信息科技进步为主要推动力的经济增长方式。南开大学李维安和周建等（2011）将网络经济解释为：以经济全球化为背景，以国际互联网为载体，以现代电子信息技术为基础，以电子商务为主导，以"知本家"为核心，以中介服务为保障，以不断创新为特点，实现信息、物资和资本流动，促进整个经济持续增长的全新的社会经济发展形态。

电子商务的产生是社会经济活动发展到一定阶段的必然产物。该信息有以下两层含义：一方面是对社会经济活动的记录，是可数据化的，其反映了商品的生产、消费、交换等情况；另一方面是具有稀缺性、有用性和价值性，是可以被加工的，故信息资源的开发和利用实际上也是属于市场机制运行的一个重要内容。古典经济学是以完全信息市场为前提研究市场运行的，这种假设显然是不适用于真实的社会经济运行，因为现实市场中出现的往往是不完全信息的市场。斯蒂格勒（1961）、波拉特（1977）等的研究承认了市场的信息是不完全的、信息搜寻是有成本的，改变了传统古典经济学完全市场的假设，使理论更符合于现实的市场经济状况。阿罗认为信息可以引导人们处理经济活动中的不确定性，给居民带来福利，同时也给企业带来利润，信息的掌握能够节约资源、提高效率，这在一定程度上代替了物质资料的作用，因此，信息也就逐渐形成与物质资料一样具有价值的东西。

在市场化经济条件下，信息作为一种经济资源显得越来越重要了，对经济的发展起着关键性的作用，市场经济活动离不开信息的供给，信息资源的开发与利用成为市场运行的重要内容。在现实的市场经济中，信息不完全是显然的，拥有信息的多少直接关系着经济主体在市场经济中的地位，也直接影响着资源的有效配置与福利的分配问题。因此，信息经济的开发利用直接影响到社会的经济效率与经济增长。中国信息协会副会长乌家培指出狭义的网络经济是指基于因特网的经济活动，广义的网络经济是指以信息网络为基础平台的、信息技术与信息资源的应用为特征的、信息与知识起重大作用的经济活动。网络经济具有如下特点：①无时间与空间的概念，全天候运作，全球化联系；②中间层次减弱，使供求双方无须面对，在虚拟空间就可进行经济活动；③外部经济性，合作与竞争并存的速度型经济，创新周期短。网络经济对经济理论产生的影响主要表现在下述四个方面：①对边际效应递减理论作用范围的影响；②对规模经济相对重要性的影响；③对经济周期波动理论的影响；④对通货膨胀率与失业率相互关系理论的影响。

电子商务作为一种随着信息化、网络化的发展而发展起来的一种新型的商业模式，显著地影响着社会经济生活的各个方面，是信息化、网络化发展的必然趋势。电子商务有利于提高资源的配置效率，缩小了企业与消费者地域空间的限制，促进了国家、世界市场一体化的进程。市场信息的分散性以及人们对信息认识的局限性，极大地刺激了市场主体对有效信息需求的迫切性，由此导致了信息市场需求的客观性和无限性，在这样的背景下，相应的信息市场供给机制便会形成。电子商务是市场信息化与信息市场化引导下的经济活动方式，是信息市场供需互动发展到一定阶段的必然产物。

另外，电子商务的形成和发展促进市场信息化、网络化并最终使信息市场化形成。电子商务是信息技术在商务活动中的应用。电子商务提升了人们获取信息、处理信息的能力，降低了信息的收集成本，使人们能及时准确地利用信息，一定程度上减少了经济活动的不确定性，使交易双方更快地完成交易，提高了经济活动效率，使市场资源配置更加有效，加快市场信息化的推进。另外，企业的生产经营活动离不开及时、准确、有效的信息，信息在企业竞争中也具有重要的作用，企业之间可以交流信息或者是出售信息。再有，企业信息系统的广告、咨讯、策划等活动也有利于信息的市场化，提高资源的优化配置。由此可见，电子商务的出现有利于信息的商品化、网络化和市场化。

电子商务的产生和发展与市场信息化、网络化与信息市场化相互促进，市场信息化、网络化与信息市场化促使电子商务的产生与发展，反过来电子商务产生与发展进一步加速市场信息化、网络化与信息市场化的发展进程。与传统商务市场相比，电子商务市场提供了更加充分全面的市场信息，有益于提升消费者的需求，基于信息偏好原理将进一步激发消费者更大的市场信息需求，强化了信息在经济活动空间的交流。随着信息、知识、技术已成为经济增长的关键性要素，电子商务的发展必将会进一步促进区域经济与全球经济运行的市场化、网络化与信息化。

（三）交易费用理论

Coase（1937）首次将交易费用的思想引用到经济学的分析中，指出交易费用就是利用价格机制的费用，是获得准确的市场信息所付出的费用，以及谈判费用，起草和实施合约费用，界定和实施产权费用，治理、运行和监督的费用以及制度变迁费用等，是一切不直接发生在生产过程中的费用。科斯通过对企业的研究，认为企业与市场一样是不同的交易机制，市场以价格机制配置资源，企业以行政手段配置资源，企业与市场可以相互替代。通过建立企业这种组织形式，一种生产要素无须与那些同在企业内部与之进行合作的生产要素签订一系列的合约，这一系列的合约被一个合约所替代，一系列较短期的市场契约被一个较长期契约所替代，节约了交易费用，企业替代了市场，有效地避免了外部交易成本。但科斯同时也指出企业是不能完全代替市场的，因为企业内部是需要组织管理的，这种管理就会出现另一种费用——管理费用，企业规模扩大时其内部组织管理费用也会提高，即会产生内部成本，它有可能会超过外部成本，因此，科斯认为企业是有边界的，其规模就在外部交易成本等于内部组织成本这一边界处。威廉姆森（2002）则从契约的角度进一步完善了交易费用理论，指出交易费用可分为"事前的"交易费用和"事后的"交易费用两种。事前交易费用是指起草、谈判、保证落实某种契约的成本；而交易发生之后的成本则称为事后交易费用，主要包括以下四种形式：①为确保交易关系的长期化和持续性所必须付出的费用；②交易当事人为政府解决他们之间的冲突所付出的费用；③如果市场关系是一种双头垄断关系，交易者发现事先确定的价格有误而需要改变原价格所必须支付的费用；④当事人想退出某种契约关系所必须付出的费用。在实际的经济过程中，事后交易费用比事前交易费用更为重要。

首先，电子商务最大的一个特点就是建立了生产者与消费者的交易平台，使生产者与消费者之间的交流、消费者与消费者之间的信息共享等都变得更加便利，避免了交易过程中的诸多中间环节，减少了中间商的参与，这也就减少了供需双方在起草、谈判、担保、协议签订等过程中所花费的成本。其次，企业可以通过电子商务以较低的成本在网络上宣传自己的产品，而消费者可以通过较低的搜寻成本在网络上寻找自己需要的、满意的商品，这进一步节约了供需双方的交易成本。再次，国家以及相关电子商务法律制度的完善，为通过电子商务交易提供了较好的法律制度基础，节约了个别企业与消费者之间单独签订协约的费用，通过电子商务更容易使交易主体发现交易过程中的契约执行情况，减少交易纠纷的发生，使交易者减少了制度成本。最后，电子商务使管理机构网络化、透明化、管理组织柔性化、效率化，有利于交易双方所达成的制度与非制度成本降低，进一步降低了事后的交易费用。总之，电子商务的运用使企业与消费者之间的交易费用大为降低，提高了经济效率。

（四）规模经济、集聚经济与范围经济理论

传统规模经济的概念主要是基于技术的角度来论述的，是指在其他条件不变时，企业内部各种生产要素按相同比例变化时所带来的规模收益的增加。古典经济学的代表马歇尔在《经济学原理》（1890）中，在斯密分工理论的基础上，最早对规模经济和产业集聚进行了较为详细的研究。马歇尔认为规模经济就是指生产规模扩大而导致产品的单位成本降低，企业这种规模的扩大可使劳动分工专业化的优势更好地发挥，劳动者可在专业化的基础上获得更多的专门知识和技能，提高劳动效率，充分利用资本优势，最终表现为收益扩大的幅度大于规模扩大的幅度。规模经济可分为两类"内部规模经济"和"外部规模经济"：内部规模经济是指源于个别企业的资源、组织和经济效率的经济，外部规模经济是指当整个产业的产量扩大时（企业外部的因素），该产业各个企业的平均生产成本下降，平均成本与单个厂商的生产规模无关，但与整个行业的规模有关。外部规模经济的源泉有：企业地理位置的集中、中间投入品、劳动力池、行业知识积累、技术扩散等。如企业利用地理邻近性，假定已无法获得内部规模经济的单个企业仍可通过外部合作获得外部规模经济。

马歇尔发现了外部规模经济与产业集聚之间的紧密联系，他指出产业集聚是因为外部规模经济所致。马歇尔提到，企业内部规模经济一般比较容易被人们所认识，企业也会尽可能使生产规模进一步扩大；而企业外部规模经济同样也十分重要。马歇尔提出了导致产业集聚的三个原因：一是企业集聚于一个特定的空间能够提供特定产业技能的劳动力市场，从而确保工人较低的失业率，并降低劳动力出现短缺的可能性；二是集聚能够促进专业化投入和服务的发展；三是产业集聚能够产生溢出效应，主要是指企业受益于同行业的其他企业的技术、信息的溢出，从而使集聚企业的生产函数优于单个企业的生产函数。

韦伯（1909）在其《工业区位》一书中提到了工业在一定范围内集中的主要原因，且进一步完善了集聚经济理论。韦伯认为工业集聚的一般原因在于多个工厂集中在一起比各自分散带来的效益更高、花费的成本更低，所以有促进工厂集中的夙愿及趋势。他将影响企业空间集聚的因素划

分为集聚因子和分散因子。集聚因子就是一定量的生产集中，这一因子可降低生产或销售成本；而分散因子则是随着消除这种集中而带来的生产成本降低。韦伯在研究运输、劳动力成本的区位选择时，强调集聚经济的作用，企业可以通过集聚获得分散状态下难以取得的经济效率。也就是说，聚集产生的系统功能大于在分散状态下各企业所实现功能的总和。他的研究结果认为对企业空间集聚起作用的主要是运输成本与劳动成本。聚集经济在本质上仍是一种空间上的外在规模经济。

马歇尔也指出，集聚经济不仅包括外部规模经济，也包括外部范围经济，范围经济是指企业生产两种或两种以上的产品而引起的单位成本的降低，或由此而产生的节约。或者可以理解为它包含两方面的含义：一定区域里相关产业的企业集聚或企业数量增多时，一方面企业可以通过水平关联并可以借助二级单位的生产能力控制二级单位的产品质量；另一方面企业可以通过垂直关联而实现与供应商、客户之间的业务沟通等。

电子商务作为一种新兴的商务模式，首先，有利于实现企业的内在规模经济效应。①电子商务使企业获得生产要素的范围扩大，可以在更为广阔的地理范围内配置所需的资源，提高资源的配置效率，降低生产成本。②电子商务有利于企业扩大商品的销售范围，扩大销售市场，为扩大规模生产提供更多的市场需求，使企业的单位产出成本降低，进一步获得了内部规模经济。③电子商务有利于企业内部分工与合作的进一步深化，提高企业的专业化水平、企业的经济效率。由以上分析可知，电子商务的应用有利于促进企业的专业化生产与分工，扩大了获得生产要素的市场以及产品的销售市场，降低了交易成本，形成了内在的规模经济。

其次，电子商务也有利于企业获得外部规模经济。①电子商务使企业在更大的地区空间和市场体系中分享其他同类企业的活动信息，并加强彼此之间的联系，促进了知识技术等信息的传播，降低企业获得信息的成本，有利于企业扩大规模生产。②电子商务有利于同一产业内不同企业之间的分工与合作，获得专业化带来的经济效益，使产业内部经济活动的交易费用降低，可进一步减少生产成本。③电子商务有利于企业通过更为广阔的融资渠道获得资金支持上的便利，形成金融性外在规模经济。总的来看，企业在电子商务的便利条件下，有利于获得知识技术等信息资源，也有利于企业间的分工与合作以及融资等便利条件，降低企业的成本，获得外在规模经济。

另外，电子商务在促使企业达到外部规模经济的同时，实际上也增加了企业的集聚经济或范围经济所带来的收益。首先我们来分析电子商务促进企业的集聚经济性，电子商务使企业进一步加强了相互之间的联系沟通：一方面，同类企业可能因某区域的生产要素低廉、交通便利、消费量大或某些当地的优惠条件等而选择集聚在此区域发展，获得集聚经济所带来的经济利益；另一方面，电子商务可能会促进企业的进一步专业化分工，使企业的不同中间产品的生产集聚在某一地区，同样可获得集聚经济带来的利润增加。其次，电子商务促进企业的范围经济的发展。实际上企业在实现集聚经济的同时，也在一定程度上实现着范围经济，通过电子商务而联系起来的不同区域的企业，因自身生产的特殊情况，如某些中间生产设备、技术、产品等，可在节约成本的情况下生产多个品种的产品，或者是这些企业可以采取相互合作的形式，共同生产多种产品，这样不仅节约了生产成本，也扩大了产品的种类和范围，增加了企业的利润，这就是范围经济所带来的益处。

（五）有效市场理论

关于互联网能有效降低市场摩擦假说的理论渊源可以追溯到 20 世纪 60 年代，斯蒂格勒针对不完全信息条件下价格离散程度问题进行了研究，指出市场摩擦将会随着信息更容易为消费者获得和消费者的搜索成本更低而下降。在信息技术对市场结构的影响中，Malone 等（1987）指出由于较低的交易成本，电子市场相比传统市场具有更高的效率。之后，Wigand 等（1995）提出了一个综合性的框架研究电子商务的影响，认为在低值廉价的产品市场上，电子商务导致搜索成本下降，故消费者更容易进行商品选择，同时，销售商将获得较低的利润。Bakos（1997）则尝试建立理论模型来分析电子商务市场，试图为电子商务市场降低销售商的定价能力和促进价格竞争的观点提供理论框架支撑。该模型将搜索成本区分为产品信息和价格两个部分，并分别考察了产品信息搜索成本和不同的价格搜索成本对均衡价格的影响。

根据理论分析，电子商务将对市场供需双方带来如下影响：①供需双方能更容易地找到对方，即降低了供需双方的搜寻成本；②供应商同业竞争的范围更大，虽然可以通过如产品差异化、技术创新和捆绑销售等方法来部分地避免价格竞争，但竞争的加剧仍在一定程度上导致厂商的定价能力和议价能力下降；③消费者搜索信息的范围显著扩大，消费者可以获得更多的信息，故消费者的消费行为更有可能趋于理性化。总的来说，相对传统商务，电子商务使消费者更容易收集和比较商品的价格、性能特征、质量特征等信息，能更全面和深入地了解商品，导致成本趋于透明化，降低了销售商获得超额利润的能力；也可使消费者对卖家的信用等信息有更多的了解，这些将使电子商务市场较传统线下交易市场具有更高的效率。

三、相关文献综述

多数人对于电子商务的认知程度可能都停留在其信息服务的便利性与交易实现的快捷性上，专注于其信息和"金钱"可以在跨越空间的互联网上实现，认为这完全冲破了地理空间的限制，甚至于产生"地理的死亡"（Gary，1998）、"地理的终结"（Liu Weidong，2002）等言论。那么，事实上在电子商务背景下产业的发展真的就能脱离于地理空间的局限吗？不可否认，除了生产和经营可以数字化的产品和服务（软件、数字音像制品等）的"软"行业外，其他产品电子商务交易活动的完成离不开商品的物流配送过程。尽管电子商务改变着商业的运作模式，或许也改变了商品的物流运送模式，如与以往以卡车计的大批量货物运送到商店的运送方式不同，会产生新的以小批量物品运送到家的运送方式，但是商品的配送依然还是要依靠物流运输的，有可能随着交通运输条件的改善，运送成本会有所降低，但也仍然需要产生运输成本和运输时间，电子商务的分布仍然是有一定空间特征的。因此，对于电子商务空间分布的研究就显得尤为重要了。

另外，电子商务作为一种新兴的商业模式，显著地改变着人民的生活以及企业的生产销售等方式，不仅其本身具有一定的空间分布特征，同时也在改变着企业生产和销售的空间格局以及市场的格局。本书正是基于电子商务具有信息流这一显著特征视角下，首先从理论上分析传统经济理论对电子商务的适用性；其次，实证地研究了在电子商务的冲击下，我国各区域制造业增长趋同情况以及各区域商业的空间布局情况。故本书的相关文献综述主要包含以下几个方面：①电子商务的空间分布特征；②电子商务空间分布的影响因素；③电子商务对区域经济增长趋同的影响；④电子商务对传统零售业空间分布的影响。

（一）电子商务的空间分布特征

国外学者对于电子商务空间分布的研究并不多，早期研究主要集中在信息网络的虚拟空间的分布上，电子商务空间是建立在信息网络的虚拟空间之上的，两者分布的研究有共通之处，这类研究如 Kenji Hashimoto（2002）、Mark I. Wilson（2003）和 Jie Lu（2004）将信息网络的虚拟空间与其实际地理位置结合起来进行分析研究。Yoshio Arai 等（2003）以日本某信息呼叫中心为背景，对其集聚现象进行了实证研究，Donggen Wang（2007）回顾了前人的理论成果并深入探讨了虚拟网络空间，对其分布规律和所在区位提出了一些建议。国外学者直接研究电子商务空间分布的，我们仅搜索到一篇相关文献：加拿大学者 Andrew Currah（2002）对加拿大不同地区 C2C 电子商务的空间分布特征进行了研究。

近年来随着电子商务在我国的迅速发展，国内对于电子商务空间分布特征的研究文献相继出现，其研究方法包含有统计测度、因素分析、简单的计量回归分析，研究数据大部分都基于截面的淘宝网店铺数，按其选取的样本不同，可以分为以下两类研究：

1. 基于淘宝网 C2C 模式下电子商铺的空间分布研究

2003 年之后以淘宝网为首的在线零售平台的建立，大大加快了电子商务在我国各个地区的发展，由于淘宝网在我国在线零售平台中处于绝对的统治地位以及其仅充当中介作用，全国各个地方用户注册不受限制，完全根据自身自主接入平台，因此能很好地表现出各地电子商务发展水平的不同，因此产生了大量以淘宝网平台作为数据来源的相关文献研究。

王蕾（2007）基于淘宝网 C2C 电子商务各省钻级以上的电子商铺数量计算出各省的 TGI 指数，发现不同类别的产品倾向于在不同的地区布局，如销售劳动密集型产品和技术密集型产品的店铺多倾向于布局在东部经济发达省份等。

俞金国和王丽华等（2010）同样基于淘宝网电子店铺数据，分别计算了变异系数、标准差、电子商铺指数（E 指数）等多项指标来衡量各省的电子商务发展水平。结果表明：我国电子商铺分布广，具有等级扩散后的分布特征；自东向西，电子商铺分布呈现出递减趋势；同时各省内部电子商铺分布表现出明显的集聚特征，主要集聚在经济发达的城市。

王贤文和徐申萌（2011）基于淘宝网 C2C 类型的电子商铺的数据，从省域和城市层面考察了中国各地区电子商务分布格局，其测度方法选用空间计量经济学中的四分位分布、Cartogram 分布、Moran's I 指数等方法。其研究结果表明，中国的 C2C 电子商务发展水平和当地的经济发达程度非常相关。经济发展程度越高的地区，其拥有 C2C 淘宝网店数量也越多。东部地区，尤其是以广州和深圳为核心的珠江三角洲地区、以上海和杭州为核心的长江三角洲，C2C 电子商铺的数量众多。西部地区除了若干地区的省会城市之外，大部分地区的 C2C 电子商务均处于非常落后的状态。淘宝店铺的数量分布呈现出自东部沿海向内陆地区明显的梯度降低趋势。互联网突破了物理距离，理论上电子商铺的分布应该不存在空间自相关性或者即使有也是很弱的空间自相关性，但是通过对 332 个城市的电子商铺进行空间自相关分析，结果发现中国的 C2C 电子商务发展存在着非常显著的、正的空间自相关性。即使是考虑人均指标，电子商务发展的空间集聚程度仍然非常高。其他类似文献如罗谷松等（2013）分析了广东省淘宝网电子商铺的空间分布特征。

周章伟等（2011）同样以淘宝网 C2C 模式下电子商务店铺为研究对象，选取三钻以上的电子商铺，从网民最常消费的八大商品行业角度出发，按照南部、东部、北部沿海地区、长江中下游、黄河中游、西北、西南 7 个区域计算了各个行业优势系数、集中度指数、基尼系数等指标，从而分析不同区域内的店铺行业分布模式以及不同行业下的网络店铺集聚模式，揭示了电子商务店铺区域分布的特征。该文表明：①不同省区的电子商务店铺数量基本呈现由沿海向内陆递减趋势，并集中于三大沿海地区，北京、广州、上海等特大城市是电子商务店铺的主要集聚地；②八大行业在各区域的电子商务店铺数量差距明显，各大区域均有各自对应的倾向性电子商务店铺类别；③八大行业电子商务卖家的总体集聚程度非常高，仅上海、浙江、北京、广东 4 省市就占据了 65.2%的份额，IT 产品行业和快速消费品行业的集聚程度较高，而可数字化"软"产品行业的集聚程度则较低。

钟海东等（2014）利用空间自相关、聚集分析等方法，从区域尺度、省域尺度、城市尺度三个空间层次测度了不同区域或地区 C2C 电子商务发展水平及其空间分布特征。其利用 Arc GIS 空间分析和空间统计功能，研究了中国 C2C 卖家空间分布特征、空间发展趋势及其影响因素，得到以下结论：①我国 C2C 电子商铺的分布从西向东、从南到北递增，由沿海向内陆递减，整体具有明显的空间聚集特征；②从经济区域、省域和城市层次来看，C2C 卖家分布均呈现出向沿海地区和特大型城市聚集的特征。

朱邦耀等（2016）以 2014 年中国"淘宝村"的分布数据为基础，基于 ESDA 空间数据挖掘理论，借助 Arc GIS 和 Geo DA 等分析工具，以最邻近距离方法、标准差椭圆方法、核密度分析方法、空间自相关分析方法分析了省、市两种空间层面的"淘宝村"的分布格局。结论包括如下：①"淘宝村"整体呈现组团状集聚格局，区际间差异较大，空间分布具有沿南向北扩散的格局；②"淘宝村"集聚区域呈现地域梯度和连片化特征，东南沿海的江苏、浙江、广东、福建等省分布密度较高，主要集聚核心地区从北向南依次为苏南聚集区、浙中聚集区、闽东南聚集区以及珠三角聚集区；③县域尺度"淘宝村"的空间分布具有正自相关性，HH 和 LH 集聚区域呈现空间相邻和蔓延特征，集聚水平有进一步提升趋势。

2. 基于其他模式的电子商务分布特征

赵永善等（2014）选取最具代表性的 B2C 网上零售企业样本，采用地理学研究中经典的地图方法，绘制得出中国主要自主销售式网络电商 B2C 企业总部和仓储物流中心宏观区位及其服务范围图；然后对他们的宏观区位及其服务范围进行了统计分析，结果表明，自主销售式网络电商 B2C 企业总部和仓储物流中心的选址依然具有明显的地理规律：即具有很强的区位集聚性和中心性。

汤英汉（2015）运用相关分析、因子分析和聚类分析等综合研究方法，对中国电子商务省域发展水平进行研究，进一步分析了中国各地区的城市电子商务发展水平和空间分异，并对不同地区的电子商务水平进行横向比较。结果表明中国各省域电子商务水平存在着显著的区域性差异，东部沿海高于西部内陆，且电子商务水平的不均衡还广泛存在于各群体的内部。

浩飞龙（2016）以 2015 年 6 月阿里研究院提供的中国 294 个地级及以上城市的电子商务发展指数为基础，采用 Zipf 位序-规模法则以及空间自相关分析方法，从省域和城市两个层级考察我国电子商务发展水平的空间分布特征。研究表明：①中国城市电子商务发展水平整体偏低，省域层级呈现出自东部沿海向西部内陆由高到低的阶梯状分布特征；城市层级东部沿海三大经济区与内陆之间、各省区主要地级市与次要地级市之间两种分异并存。②电子商务发展水平的等级规模结构呈现省域层面均衡分布，首位省区的垄断性较弱；城市层面发展水平差距较大。③城市电子商务主要处于"高网购—高网商"和"低网购—低网商"两种发展状态，电子商务发展的"两极化"现象比较严重。④热点集聚区主要集中在长三角、珠三角经济区及海峡西岸；冷点集聚区主要集中在新疆、甘肃、云南及青海部分地级市。

综上所述，目前各位学者通过对电子商务分布特征的研究得出一些基本的共性结论：电子商务的分布区域不均衡，基本上呈现由沿海向内陆、由省域大城市向小城市扩散的趋势，但是在东部沿海或北京、上海、广州等超大城市或省会城市等有明显的集聚特征，并且目前还出现了发展较好的"淘宝村"现象。

（二） 电子商务空间分布的影响因素

电子商务已经发展成为一种影响国家经济发展及居民生活的新兴产业，通过对电子商务分布特征的统计分析，我们发现集聚是电子商务分布最明显的一个特征。关于产业集聚的研究，无论是从理论上还是从实证上，相关研究文献颇多，理论研究前面已经详细说明，故下面我们首先通过梳理关于传统产业集聚影响因素的实证研究，为我们研究电子商务空间分布的影响因素提供指导；其次回顾现有国内外关于电子商务空间分布影响因素的研究。

1. 传统产业空间集聚影响因素的研究

对传统产业空间集聚影响因素的研究文献较多，主要集中在以下几个方面：

（1）优势资源禀赋视角。Ellison 和 Glaeser（1997，1999）采用 EG 指数通过对美国产业集中的趋势分析，发现自然资源对集聚形成有重要的影响。

（2）外部经济视角。Krugman（1980，1995）研究认为中间投入品共享、劳动力共享是促进产业集聚的重要因素；Audretsch 和 Feldman（1996）以及 Feldman 等（1999）研究了知识溢出与集聚之间的相互作用，随后 Forni 和 Paba（2002）通过对投入产出关联的产业之间的实证研究，证明了知识溢出促进产业集群的作用更显著；国内学者张文武和梁琦（2011）则指出人力资本集中是集聚形成的重要因素。

（3）规模经济的视角。Krugman 证明了本地市场效应的存在，并且指出本地市场效应是引起经济活动集聚的重要因素；Davi 和 Weinstein（1996，1999）采用要素禀赋和本地市场效应等指标，分别对 OECD 国家以及日本制造业生产结构进行检验，实证分析本地市场效应对制造业集聚的作用；国内学者范剑勇和谢强强（2010）利用 1997 年中国区域间投入产出表中 17 个制造业行业数据进行检验，从经验上证实了本地市场效应的存在，同时发现本地市场效应与产业集聚之间存在正相关关系。

（4）公共基础资源共享视角。Moomaw（1983）通过对交通基础设施的度量，以及用人口变量来度量净集聚效应等方式，对美国大都市区域内产业的生产效率与公共基础设施投入之间的关系进行了研究，证明交通变量的影响是正向的。国内学者刘修岩（2010）利用我国城市面板数据对集聚经济、公共基础设施与城市非农劳动生产率的关系进行了实证检验。结果表明，一个地区的就业密度和公共基础设施对非农劳动生产率起着显著为正的影响。

2. 电子商务产业空间集聚影响因素的研究

相比传统产业空间集聚影响因素的研究，对电子商务这一新兴产业空间集聚的研究则较少。

王蕾（2007）选取淘宝网上的主要商品为研究对象，搜集其店铺的所在地、类别、掌柜级别等数据，整理后得到其研究数据，进一步根据数据分析了淘宝网店铺的实际空间分布特征，发现淘宝店铺的集聚通常会选在以下地点：①经济发达、贸易繁荣地区；②货源地及其附近地区；③国内交通便利地区；④商品信息丰富地区。

俞金国等（2010）利用基尼系数、电子商铺指数、集中指数和变异系数等指标分析了淘宝网电子商铺的空间分布，并分析了经济基础、教育水平、地方文化、交通区位因子等因素对电子商务发展的影响作用。

曾思敏（2011）指出电子商铺的选址并没有完全摆脱传统的地理区位，仍有明显的区位取向，其他行业服务网点的地理区位对其有一定的影响；配送空间易接近性、互联网应用技术与普及环境和第三方支付体系是影响其区位选择的三个主要因素，这些因素明显区别于影响传统实体店铺区位的因素。

王贤文等（2011）统计了中国 31 个省份的 354 个城市的淘宝网电子商铺个数，运用空间计量分析的方法，从省域和市域两个层面分析了中国 C2C 电子商务的发展演化机制，发现电子商务的空间集聚程度非常高，且明显推动了物流业的发展，电子商务的发展还受当地经济发达程度、社会观念、居民受教育水平、互联网发展水平、物流业的便捷等因素的影响。

徐申萌（2013）根据淘宝网电子商铺的数据分析了电子商务的地理格局状况，并进一步分析了影响电子商务分布的因素，得出电子商务的发展与当地的经济发展水平密切相关的结论。另外，电子商务的发展还受到区域的经济贸易因素、物流交通环境、居民受教育水平和区域的科技发展程度等因素的影响。

金丽娟（2015）通过对淘宝网 C2C 电子商铺空间分布规律和特点的研究，得出电子商务的如下空间分布特征：①东部地区电子商铺数量占绝对优势，且以服装鞋类电子商铺占比最高；②整体呈现"大集聚小分散"的等级扩散趋势，各省会或经济中心通常是首位度最高的地区；③各大城市群发展不协调，长江三角洲城市群和长株潭城市群目前集聚发展势态较好，长江中游城市群内联系不紧密，发展较弱；④电子商铺空间上存在正自相关，但是相关性较弱，集聚特征并不十分显著。该文进一步用空间计量模型得出对电子商铺空间分布的影响因素，指出第二、第三产业的发展程度直接影响电子商务的发达程度，物流网点、居民收入、互联网普及程度和社会消费品零售总额对电子商铺的数量发展起到正向促进作用，而教育水平的高低对电子商铺的影响不大。

浩飞龙等（2016）根据阿里研究院提供的数据进行分析，指出人口规模、受教育程度、信息化程度及信息基础设施是影响我国电子商务发展水平空间分布的主要因素；另外，城市居民应用电子商务的水平受经济发展水平、受教育程度、信息化程度、信息基础设施影响显著；企业使用电子商务的水平则受人口规模、信息化程度及信息基础设施因素影响显著。

综上所述，电子商务的地理分布并没有完全摆脱传统产业分布理论，严格来说，还是遵循传统产业集聚理论的。

（三）　电子商务对经济增长趋同的影响

经济增长趋同的研究，其理论渊源主要是新古典索罗增长模型的边际报酬递减性质，再依据经济收敛性理论预测不同经济体间经济增长应该是趋同的，但现实却是经济体间增长速度的差距日益扩大，由此引发了众多对经济趋同问题的研究。而电子商务作为一种新兴的、扩大市场范围的技术，研究其对区域经济增长趋同的冲击影响显然是有重要的现实意义的。与此研究有关的文献包括以下几个方面：①电子商务对经济增长的影响；②经济趋同影响因素的研究；③经济趋同问题的研究方法。

1. 电子商务对经济增长的影响

目前笔者还没有发现直接研究电子商务对经济增长趋同影响的研究文献，大多数研究者则是从电子商务对经济增长的影响角度来研究，并且多数为定性研究，实证研究则较少。其中，陈小红（2011）从电子商务对经济增长贡献的评价与控制两个方面进行研究，结合新古典经济学、新兴古典经济学定性分析了电子商务对经济增长贡献的评价理论和方法。李勇坚（2014）从微观、中观、宏观三个方面对电子商务促进宏观经济增长的机制进行了理论分析，并通过消费乘数方法定量分析了电子商务对经济增长的带动作用，从而得出电子商务交易额尤其是网络零售额对消费具有极大的提升作用，并能够通过消费乘数效应促进经济增长。范玉贞等（2010）采用我国1997~2009年域名数、上网用户人数、电子商务企业数、网上购物人数、电子商务交易额等指标代表我国电子商务发展水平，通过多元回归方法，实证分析了电子商务发展对经济增长有正向影响。杨坚争等（2011）选用电子商务有关的交易、基础设施、人力资本、用户满意度、政策环境相关因素，按照不同权重计算我国电子商务发展指数，然后借助道格拉斯函数，对电子商务与经济增长的关系进行实证分析，发现电子商务对经济增长具有明显的促进作用，但是电子商务对经济增长的影响仍远远小于资本和劳动这两个要素的影响。徐帅（2017）采用快递发展状况作为电子商务的替代变量，构建基于省级层面的面板固定效益模型，实证分析电子商务的快速发展对地区经济增长具有显著的正向影响，能够促进地区协调发展。赵霞和荆林波（2017）采用2013~2016年全国及各省市数据构建面板计量模型，其研究结果与徐帅（2017）正好相反，认为网络零售不利于我国各省区经济协调发展，可能会拉大地区间的经济差距。

2. 经济增长趋同影响因素的研究

对经济趋同问题的研究多数集中在其影响因素的研究上，如 Mauro 和 Godrecca（1994）用 Barro 和 Sala-I-Martin 的分析框架对意大利国内是否存在收敛进行经验分析，其研究结果发现在意大利不存在经济的绝对趋同，进一步将南北方区域因素加入之后，则发现在意大利的南方和北方分别存在经济趋同。Pagano（1993）通过对欧共体国家的产出率和收入的趋同进行考察，发现自 20 世纪 70 年代以来，石油这一因素对其经济收敛的冲击很大，甚至会造成其经济增长走向发散（趋异）。沈坤荣等（2001，2002）对人力资本、市场化程度、对外开放程度、产业结构、外商投资对趋同的影响进行了详细分析；蔡昉等（2001）对劳动力市场扭曲进行了研究；林毅夫等（2003）考察了政策制度因素对地区收入差距的影响；Demurger 等（2002）考察了地理位置以及优惠政策对地区经济发展的贡献程度。

3. 经济趋同问题的研究方法

关于经济趋同的研究方法，早期的研究基本都是建立在新古典增长理论的横截面框架的基础上，使用普通最小二乘法对模型进行估计，没有考虑模型中存在的异方差及序列相关问题，因此经验分析结果可能会有偏误甚至影响对参数显著性的推断。近年来此问题已有了较大的改进，有学者开始引入空间计量模型，使用面板数据进行研究。如 Islam（1995）指出，Mankiw、Romer 和 Weil（1992）（MRW）的分析框架或者 Barro 的分析框架均未考虑各个经济体的个体特征，可能会引起遗漏变量问题，因而估计的结果往往是有偏误的，并建议采用面板分析予以解决。Lee 等（1998）采用面板分析方法对经济趋同进行研究，并将研究进一步深化，在采用面板分析的同时考虑到了各个经济体长期增长率的差异和稳态时 GDP 的差异。区位邻近的经济体之间的经济增长通常具有明显的空间依赖性，如果忽视空间效应将造成模型设定的偏差和计量结果的非有效性。因此，随着空间计量技术的兴起，采用空间计量分析研究经济增长趋同成为区域经济学研究的又一个方向。林光平（2005）、吴玉鸣（2006）都采用空间经济计量方法，通过在模型中引入空间滞后以及空间误差效应，对我国 28 个省市 1978～2002 年经济收敛情况进行了研究。覃成林等（2012）则将空间外溢作为一种影响经济收敛的重要因素引入空间计量模型进行研究，选取中国长江三角洲 1990~2007 年 16 个城市的 75 个县作为样本，发现空间外溢对区域经济增长确有影响：在考虑空间外溢的情况下，长江三角洲的空间俱乐部趋同速度为 1.57%。

（四）电子商务对传统零售业空间分布的影响

电子商务作为一种新的销售模式，其对传统零售业的冲击实际上会连带产生一系列的影响，电子商务吸引了传统零售业的一部分客户，减少了传统零售业的销售利润，导致我们常见的超市倒闭、商用房闲置等现象发生，一方面传统零售业为了应对这种冲击，就会促进其升级调整；另一方面，这也会影响商用房的价值，使商用房的价值减少。简言之，即电子商务对零售业的冲击会影响实体零售业及其空间分布，进而会影响到零售业所依托的商业地产的价值。已有的关于电子商务对传统零售业影响的研究，主要集中在以下两个方面。

1. 电子商务对实体零售业空间分布的影响

国外这方面的研究较多，Dixon 和 Marston（2002）研究英国零售业的变化模式以及电子商务对销售和租赁价值的影响，以及电子商务对 2000~2005 年英国零售商未来空间和所有权、租赁要求的影响，其强调了将电子商务的影响与其他因素隔离开来的困难。其研究结果指出电子商务并不意味着传统的基于门店的英国零售业的消亡。Forman（2005）提出电子商务对不同等级、区位以及规模的实体零售空间的影响是不一致的。不同地区的人进行网上购物时，其采用哪种购物模式并不一致。Farag 等（2006）按照城市化水平高低将研究区域分成五种类型，发现城市中心的人往往更可能进行网上购物，他认为新技术通常从城市中心开始向外围扩散。Ren 等（2009）基于美国俄亥俄州 393 个互联网用户信息，得出那些居住在郊区或者远离商店的人，基于减少出行成本以及互联网的便利性，更热衷于网上购物模式。Weltevreden 等（2009）通过评价城市中心的三个优势，即通达性、极富吸引力的购物过程和丰富的娱乐休闲场所，分析网上购物对荷兰城市的不同等级购物中心的影响。其研究发现城市中心作为多元化休闲娱乐购物场所，存在较好的购物体验，从而抑制了网上购物对其造成的冲击。Goldmanis 和 Hortaçsu（2010）从零售业集聚机制角度出发进行研究，使用来自美国的三个产业数据来检验模型：旅行代理、图书销售、新汽车交易行业，考察了电子商务的出现和扩散对产业结构供给侧的影响。本书设定了一个通用产业模型，其中模型中的消费者以不同的搜索成本从异质厂商处购买产品，然后把电子商务解释为消费者在搜索成本方面的减少，由此解释了电子商务在高成本到低成本厂商间如何重新分配市场份额。文章不仅预测了每一个行业都会发生市场份额的变化，而且指出引起变化的机制不同：在旅行代理行业源自于集聚因素不同，在其他两个行业则源自于本地市场因素。Danlei 和 Pengyu（2015）等采用归纳和比较分析的方法，首先将电子商务与商业不动产需求的关系进行分类。研究发现，2009~2013 年，中国的商业不动产销售的缓慢增长率、商业不动产的快速空置率与电子商务的飞速增长紧密相关；同时也发现超市、门店、购物中心等不同的商业不动产形式受电子商务增长的影响是不同的。电子商务改变了传统商业体内空间布局。比如，为了降低电子商务的冲击，现有大型实体购物中心内部增加了更多餐饮、娱乐等体验性服务比例。该文最后得出结论，由于线上线下具有不同的优点和缺点，所以实体店铺将不会被电子商铺完全遮盖。

国内学者的研究相对较少。其中，席广亮等（2014）分析南京市居民网络消费的影响因素及空间特征，其研究发现处于南京内外城、郊区等不同圈层居民，其网络消费存在较为明显的差异性。刘学（2015）提出网上购物对城市零售空间的影响包含三个方面：扩大化和碎片化活动空间；不同等级零售空间受网购影响差异显著；线上线下零售活动向其他空间渗透和融合。张红（2016）通过实证检验，发现电子商务销售额与实体零售物业销售额互为格兰杰因果关系，而且电子商务对实体零售业统计上呈现显著的负向关系。另外，该文针对不同业态的零售业进一步进行实证分析，发现电子商务对不同业态的影响不相同。

2. 电子商务对商业地产的影响

国外学者在这方面的研究开始得较早。如：Baen 和 Guunk（1997）、Power 等（1998）研究了电子商务技术对零售业影响，发现电子商务对商业和住宅房地产行业的缩减规模影响不明显。Baen（2000）考察了电子商务技术对传统零售销售额、商业不动产的价值、租金百分比的影响，分析了标准的零售租约和寻求零售商改变实体销售到电子商务和目录销售的行为，结果显示，在被调查者中，大多数购物中心的业主、经理和租赁人都不包含这些销售的份额。文章提出了"零售中心的现值会因为电子商务、技术等而损失一定的租金和/或零售租金"的理论假设并给出了实证结果，同时给出减少电子商务对零售中心威胁的建议。Elaine 和 Anne 等（2002）研究了电子商务对零售商和不动产的影响，通过互联网策略、对互联网的感知、电子商务增长的障碍、未来空间需求这几个维度来考察美国和英国零售商的不同，发现英国和美国的零售商对于电子商务有相似的态度，即两个国家的零售商都尚未感知来自电子商务的影响与威胁。另外，两个国家电子商务增长障碍对零售商也是相似的，包括电子商务的实施和安全问题。两国零售商均表示，尽管受到电子商务的威胁，但短期他们的零售空间仍然是相同的或者是提升的。同样，两国零售商都认为如果购物中心想要继续生存下去，娱乐化将是一个重要的策略。

国内学者在这方面也有了一些研究。例如：宋安成（2012）认为，电子商务确实对商业地产造成了一定冲击，同时也催生了仓储、物流这些以商业地产为载体的新兴产业，开拓了商业地产的新领域，其所带来的机遇远远大于挑战。秦宗阳（2014）研究了杭州电子商务的发展与其商业地产投资的相互作用关系，构建包括电子商务、社会商品零售额以及居民可支配收入的计量模型，实证分析这三个因素对杭州市商业地产投资的影响，结果表明电子商务的发展对商业地产确实存在负面的冲击。同时他也指出电子商务对商业地产的影响程度小于其他宏观经济指标的影响。张宁（2014）对电子商务以及商业地产价格进行实证分析，采用 2010 年 1 月至 2013 年 9 月的月度时间序列数据，并去除商业地产价格中由于 GDP 增长因素，然后对剩余部分进行协整分析以及格兰杰因果分析，得出电子商务对商业地产价格具有显著的负向影响。当然，该文分析电子商务与商业地产价格关系时忽略了影响商业地产价格的其他因素，因此所得结论值得商榷。

综上所述，电子商务的兴起及广泛应用使信息搜寻成本大为降低，对实体零售业带来了一定的冲击，也使其做出相应调整。一方面，传统零售业内部可以通过增加其更多的餐饮、娱乐等体验性服务来吸引客户；另一方面，还可以通过减少其商业核心区的租赁面积，将其仓库转移到房租便宜的周边区域以减少成本，通过实体店与电子商务共同进行线上线下的销售模式。此外，还可以只通过电子商务进行线上销售，将其仓库完全设置在租金便宜的郊区，这样就减少了更多的销售成本。但是，这些效应有多强，目前的文献中还没有一致的结论，需要作更严格的实证研究。

（五）文献述评

根据电子商务的已有相关研究，本部分主要从电子商务的空间分布特征、电子商务空间分布的影响因素、电子商务对经济增长趋同的影响以及电子商务对传统零售业空间分布的影响几个方面对研究文献进行了梳理，发现关于电子商务各方面的研究成果虽然不少，但是仍然存在不少问题需要具体详细深入的研究。

在电子商务的空间分布特征分析这一部分，以王贤文等（2011）、浩飞龙（2016）为代表的学者在研究中基本上都是采用截面数据分析，这样的数据对于描述我国电子商务特定时刻空间分布特征是恰当的，但难以全面反映电子商务的发展状况，也难以有效揭示电子商务的发展态势及变化规律。究其背后原因，主要是因为数据可得性问题，电子商务作为一种新兴事物，发展较为迅速，无论是官方或者其他研究机构都尚未有连续多年的、基于省级或者城市层面的电子商务指标数据可用，这也是限制电子商务此方面研究的最大困难。

在电子商务空间分布的影响因素分析中，发现电子商务的空间集聚发展主要受区域的经济基础、居民的受教育程度、物流交通环境、信息化程度等因素影响。但纵观这些相关文献，由于缺乏完备的数据，他们大多数采用某一年的电子商务数据，运用普通 OLS 计量分析方法进行分析，对可能影响到回归结果的个体效应、时间效应、内生性问题常常未加以考虑，相关文献的回归结果也经常出现不一致的情况，因此到底哪种结论更加有效，需要采用更为完备的数据以及更为稳健的回归方法进行考证。

在电子商务对经济增长影响的研究文献中，实证研究多数采用全国层面的宏观数据，存在样本数较少，统计口径过于宽泛等问题，忽略了不同区域间电子商务的差异性，导致研究结果可能会出现伪回归、内生性等问题。同时，这些文献仅仅考察了电子商务对经济增长是有促进作用的，但是并没有涉及电子商务对区域经济增长趋同的研究。现有关于经济趋同影响因素的研究主要集中在劳动力、物质资本、人力资本、市场化程度、对外开放程度、产业结构、外商投资、储蓄率、国际贸易、制度、地理位置等方面，并没有直接涉及电子商务这一新兴因素。然而，电子商务的兴起理论将通过影响市场化、地理位置的重要性等渠道对经济趋同发挥作用，其效应不应忽视。另外关于经济趋同研究方法的诸多文献，早期的研究基本都是建立在新古典增长理论的横截面框架基础上，使用普通最小二乘法对模型进行估计，没有考虑模型中存在的异方差及序列相关问题，因此经验分析结果可能会有偏误甚至影响对参数显著性的推断。近年来此问题已有了较大的改进，有学者开始引入空间计量模型，但主要是采用空间截面计量进行分析，本书试图更进一步采用空间面板计量模型进行分析。

对于电子商务影响零售业空间分布的研究文献，由于研究对象、思路和方法的差异，国内外学者至今没有得到一致性结论。随着研究的不断深入，诸多文献已经开始转向电子商务对商用地产价值的影响，进而影响到城市零售布局。如相关文献所述，由于信息成本等机制，传统零售业往往形成商圈等形式的集聚。电子商务降低信息成本后，这一集聚将被削弱，实体店可以选择租金更低的地段，从而降低商用房的价值。但这一集聚机制现有文献只是从理论上进行了分析，还需要进一步从经验上进行实证研究。

综上所述，关于电子商务的研究，不管从理论方面还是从实证方面，都存在较多的问题，随着电子商务的持续快速发展以及相关研究理论、方法以及数据的可得性的实现等，对电子商务相关问题的研究都可能会有较大的改进，本书试图从电子商务的相关理论、实证方法、数据获得等方面进行创新性的研究，以期对电子商务的研究作进一步的完善。

电子商务测度的指标设计及数据说明

一、指标设计的基本思路

  本书研究的主题是我国电子商务的空间特征及其对实体经济的影响，为了测度电子商务的时空变化，并识别电子商务发展和实体经济的空间关系，需要分区域乃至分行业、跨期较长的面板数据。其中，为了研究电子商务对城市商业空间布局的影响，还需要城市级层面的数据。然而，衡量电子商务发展的现有指标并不具有满足前述要求的数据。就官方数据而言，国家统计局直到 2014 年才开始发布各省及直辖市的网上零售额，而且其仅包含了国家名录库里面的限额、规模以上企业和限额以下但比较规范的企业，对于大量的网络上的零售散户，并没有其相应的统计数据。因此，该数据存在时间跨度较短、统计不全面、统计粒度过粗等问题。另外，从一些企业或者研究机构中可以得到一部分关于电子商务的统计数据，比如百度发布的电子商务百度指数、阿里研究院发布的电子商务发展指数、清华大学大数据中心发布的电商相关指数、中国互联网信息中心每年发布的互联网报告、中国电子商务研究中心发布的报告等。但这些数据均存在统计时间短、数据不公开、统计不全面、统计指标变动频繁、数据指标太过于宏观等不足，难以满足本书的研究需求。

  基于以上情况，我们需要选择新的指标，并构造相应的面板数据。基于数据的可得性并参考文献中的通常做法，本书选择我国影响力最大、产品类别最丰富、最接近于实体自由市场的网络零售平台——淘宝网的电子商铺个数为指标来对电子商务的发展水平进行统计测度。之所以仅考虑个数而不考虑商铺的规模，一方面是受数据的约束，另一方面也是因为绝大多数电子商铺的规模都不大。阿里巴巴集团 2014 年提供的数据显示，淘宝 94% 以上卖家店铺的年营业额在 24 万元以下，是淘宝的主体市场。在阿里巴巴零售平台上约有 700 万户网商，其中小微网商占大多数。天猫卖家雇员 3~20 人的占 81%，而淘宝网卖家仅自己 1 人的占 58%，5 人以下的占 97%。由此可见淘宝大部分商铺规模接近，比电子商务发展水平测度更有意义的是商铺数量变化中反映出来的电子商务活跃程度。另外，又如后文所述，本书选择的样本为淘宝皇冠以上及天猫商城的商铺，这部分商铺规模、交易量更接近，交叉验证表明电子商铺个数这一指标有相当的代表性。

　　与文献中的通常做法不同的是，本书采用网络爬虫技术，抓取了电子商铺的注册地点、时间、行业等信息，从而得以构造面板的数据而非截面的数据。下面将就本书的样本选取、数据收集等方面的做法予以具体说明。

二、电商数据的样本选取

（一）代表性电商平台的选取

　　目前我国电子商务发展的模式主要有企业之间电子商务（B2B）、企业与消费者之间电子商务（B2C）、消费者之间电子商务（C2C）、企业与政府之间电子商务（B2G），最常见的是 B2B、B2C、C2C 三种模式，其中 B2B 主要在企业之间进行，对经济活动波及面有限，故对整个经济活动的影响也有限；而 B2C、C2C 因为带动全民参与，影响到了人们日常生活的出行、支付、信用等各方面，对传统的实体零售行业、交通物流行业、金融行业、制造业等都产生了巨大甚至是革命性的影响，涉及的经济活动的范围更为广泛。因此本书考察电子商务的发展主要以 B2C 和 C2C 模式的网络零售为代表进行研究。

我国目前较有影响力的网络销售平台：阿里巴巴旗下的淘宝+天猫、京东商城、拼多多、苏宁易购、当当网、唯品会、国美在线、聚美优品等。据中国电子商务研究中心（2014）监测数据显示，2014 年中国网上零售企业市场交易规模占有率，如图 3-1 所示：淘宝+天猫总成交额为 7630 亿元，占总交易的 68.6%，排名第一；京东全年交易总额为 2602 亿元，占总交易的 23.39%，排名第二。

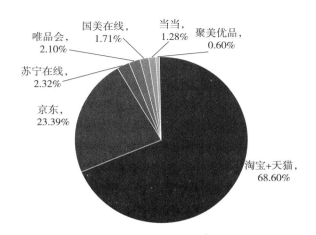

图 3-1　2014 年中国网上零售企业市场交易规模占有率

资料来源：中国电子商务研究中心。

据中国电子商务研究中心（2014）监测数据显示，截至 2013 年 6 月淘宝网占整个 C2C 市场交易份额的 95.1%，高居榜首；拍拍网位居第二，但是仅占 4.7%，其他合计占 0.2%，可见 C2C 市场几乎完全被淘宝网垄断了。另外，据中国电子商务研究中心（100EC. CN）监测数据显示，截至 2014 年 12 月，在中国 B2C 网络零售市场（包括自营销售式与开放平台式）上，天猫以 59.3%份额排名第一；京东商城占据 20.2%份额名列第二；苏宁易购占 3.1%份额位居第三。第 4～10 位排名依次为：唯品会（2.8%）、国美在线（1.7%）、亚马逊中国（1.5%）、1 号店（1.4%）、当当网（1.3%）、易迅网（1.1%）、聚美优品（0.6%）。图 3-2 为我国 2014 年 B2C 类网络零售平台占有率。

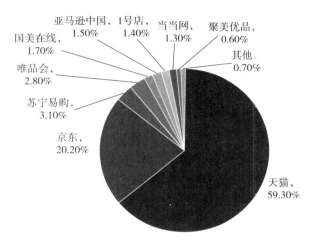

图 3-2　2014 年中国 B2C 网上零售企业市场交易规模占有率

资料来源：中国电子商务研究中心。

　　随着智能手机的快速发展，网络零售平台的流量入口向手机端转移，各在线零售平台纷纷推出手机端应用，其中淘宝网在手机端的发展势头上也十分迅猛，据中国电子商务研究中心（2014）发布的手机购物报告数字，手机淘宝+天猫的市场份额达到 85.9%，如图 3-3 所示。

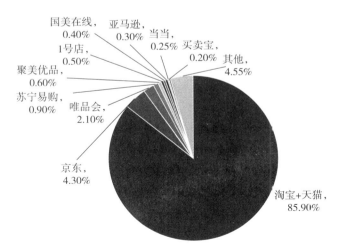

图 3-3　2014 年中国网上零售平台移动端市场交易规模占有率

资料来源：中国电子商务研究中心。

　　基于以上分析，不管是 C2C 市场还是 B2C 市场，淘宝+天猫市场占有率均处于绝对统治地位。另外关于 B2C 类市场，其他网络平台虽也占有一定的份额，但其更多的是以自营为主，类似于网络商城的模式，一方面，不能很好地代表全国各地方电子商务的发展状况；另一方面，一些网络平台的经营范围主要是以数码、服饰、化妆品等某一垂直细分行业的零售为主，商品种类较单一，因此我们认为这类市场也不能更全面地代表各地方电子商务的发展状况。故我们最终选择淘宝+天猫在线零售平台作为我们研究电子商务的数据来源基础。

（二）代表性电商类型的选取

　　电子商务的发展必须依托于其电子商铺的发展，这一点类似于传统零售业必须依靠其零售店铺一样，因此，电子商铺的发展在一定程度上也反映了电子商务的普及、运用及管理水平。另外，不同地区电子商铺个数的多少反映了我国网络零售的空间分布状况，同时还反映了这个区域的产品供给市场情况。最后，综合考虑数据的可得性以及代表性，我们选择不同区域电子商铺的个数来代表各区域电子商务的发展水平以及电子商务市场的相关信息。

　　在具体抽样时，考虑到 C2C 市场体量大，产品品类齐全，在满足网购用户差异化及个性化需求方面有一定优势；B2C 市场的产品品质高及服务水平好，随着用户网络购物意识的逐渐成熟及网络购物行为的日趋理性，对品质产品的诉求将进一步推动 B2C 市场的高速发展。故我们选择阿里巴巴集团下的淘宝+天猫在线平台上电子商铺作为我们的抽样对象，其中淘宝在线购物平台上的电子商铺代表了 C2C 模式，天猫购物平台上电子商铺代表了 B2C 模式。

　　另外，淘宝网自 2003 年创立以来，已成为我国目前最大的 B2C 及 C2C 交易平台，据 2014 年中国电子商务研究中心监测数据显示，淘宝网约有 700 万电子商铺，如果不分大小，随机选择，一个皇冠级别的电子商铺销售量可能相当于 100 个发展较差的星级商铺，把不同级别的商铺放在一起，商铺数量的多少很难显示出各地电子商务的发展差异，就会导致研究结果误差较大。因此，单纯的电子商铺数量不能很好地代表一个地区电子商务的发展水平，我们必须选择有代表性的店铺，即根据代表性原则进行搜集数据。

代表性原则主要从以下两方面考虑：一方面按照商铺类别选取有代表性的商铺，对于 C2C 类商铺，根据淘宝信息等级划分标准，选择了淘宝网皇冠及以上的店铺，皇冠及以上商铺是经过残酷竞争留下的最具生命力的 C2C 商铺，同时它们也是进行了大量交易的商铺，其信息必然也经过了消费者以及淘宝网多次的审核，其店铺的信息也更真实有效。另一方面对于 B2C 类店铺，选取天猫网上的电子商铺作为代表，这里商铺要求注册资金大，必须上传营业执照等资质，故其信息更加真实。这两类店铺信誉度高、网络交易量更大，具有更好的商业行为，其生命周期更稳定，能更好地代表整个网商群体，同时也能更好地表征各个地区的电子商务发展水平。

根据以上分析，我们需要选取有一定交易量的电子商务作为我们的样本，那么，如何知道电子商铺发生了多少交易？我们可以根据淘宝店铺的信用等级进行判断，淘宝网店铺的信用等级是根据消费者对店铺的信用评分确定的，消费者购物实行评分累积等级模式，消费者在淘宝网上购物一次，可以获得一次评分机会，分别为"好评""中评""差评"。而电子商铺每得到一个"好评"，就能够积累 1 分，中评不得分，差评扣 1 分。250 分以内的积分用红心表示，251 分到 10000 分用金钻表示，10001 分至 500000 分用蓝色皇冠表示，500001 分以上的信用等级用金色皇冠表示，具体如图 3-4 所示。

淘宝网电子商铺不同的信用等级既代表了其交易量，同时又代表了其信誉程度。这也给我们抽样提供了较好的参考依据。另外，考虑到一个区域电子商务水平的发展应该由稳定持续发展的电子商铺数量来代表，但实际上有一些注册的电子商铺，基本没有交易、交易甚少或者存在了很短的时间就关闭了，如果采用从整体中随机抽样的方法的话，这类店铺很有可能会被抽取，显然这样的店铺是不能代表电子商务发展水平的，故我们并没有采取随机抽样的方法，而是根据实际情况，选取能够代表一个地区稳定的电子商务发展水平的店铺数目进行抽样统计。根据以上分析，笔者认为皇冠及以上以及天猫店铺是能够持续生存下去的，基本能够代表各地区电商的发展水平，另外，基于样本的稳定性以及代表性考虑，我们重点选取淘宝网上皇冠及以上以及天猫等具有稳定交易量、满足一定准入条件，并且能长期持久生存下去的店铺，我们认为这部分样本与我们研究的问题最相关。

所积分数	等级图标	信誉等级
4~10分		一星
11~40分		二星
41~90分		三星
91~150分		四星
151~250分		五星
251~500分		一钻
500~1000分		二钻
1001~2000分		三钻
2001~5000分		四钻
5001~10000分		五钻
10001~20000分		一皇冠
20001~50000分		二皇冠
50001~100000分		三皇冠
100001~200000分		四皇冠
200001~500000分		五皇冠
500001~1000000分		一金冠
1000001~2000000分		二金冠
2000001~5000000分		三金冠
5000001~10000000分		四金冠
10000001分以上		五金冠

图 3-4　淘宝卖家信用等级

资料来源：baike. baidu. com/item/淘宝信用等级/10003706？fr＝Aladdin。

最终，我们选取了淘宝网 12 个最热门类目"女装""男装""童装""女鞋""男鞋""童鞋""运动""户外""箱包""数码""日用""食品"对应的店铺作为代表样本。例如按照商铺注册地进行划分，我们的样本覆盖了我国 332 个城市，包括了所有地级以上的城市。

需要注意的是，本书采集的电商样本并不等同于每年新注册的所有店铺，而仅为注册后一直存活到数据采集时间（2016 年 3 月 15 日至 2016 年

5 月 25 日）的淘宝网上信用等级为皇冠及以上以及天猫店铺（关闭半年以上的店铺通过淘宝平台基本抓取不到）。这一方面能排除那些非稳定经营的店铺，但另一方面也可能意味着样本具有一定的选择性，尤其是越晚年份的店铺相对于越早年份的店铺其存活期越短。不过，后文的交叉验证及实证研究中的稳健性分析均表明，这一选择性问题对本书结论的影响很有限。

（三）　数据的采集方案

本书电子商铺数据的采集主要按照区域和行业两种类型来进行收集。

（1）按区域划分采集数据。本书抓取了我国 31 省份（除台湾、香港、澳门外）332 个城市共计 162597 家皇冠及以上以及天猫（包含全球购）的店铺信息，以注册时间衡量的样本期覆盖 2003 年淘宝成立到 2015 年。这些店铺的信息包含有店铺 ID、店铺名称、店铺主营类别、店铺所属行业、店铺总销量、店铺当月销量、店铺好评率、物流服务、注册时间、所在地市等信息。

（2）按行业划分采集数据。我们按照《国民经济行业分类代码表（GB/T 4754—2011）》划分标准，选取其中 21 个 2 位数行业，按照其行业关键字，在淘宝网商中进行检索，然后对检索结果进行抓取，从而抓取每一行业在各省具有的电子商铺数量。具体搜集内容为各省某一行业的星级、钻级、皇冠、金冠、全球购、天猫等店铺数量信息，其中店铺总销量、店铺月销量、店铺好评率、物流服务这些信息为动态信息，随时在发生改变，其他信息如店铺 ID、店铺名称、店铺主营类别、店铺所属行业、注册时间、所在地市等为静态信息。

在数据搜集的过程中，我们对电子商铺的注册时间以及注册地点最为关注，因此主要核对这两方面的内容，其中有一些数据因不规范需要特殊处理。主要处理方法如下。

（1）注册时间的处理。由于淘宝店铺不同时间审核标准不一致，早期部分店铺的注册时间为空。不过，我们通过多家店铺的比较发现店铺都有认证时间，认证时间与注册时间基本相差不了几天，因此，对于注册时间为空的我们以认证时间来代替。同时，也有少部分店铺，注册时间不为空，但是数据库中却为空。经分析有一种"极有家"类型的店铺，是由其注册时间字段不统一造成的。我们通过程序专门处理,将其时间补充完整。另外,还有个别缺失值,我们通过数据库中其店铺 url,直接在 IE 地址栏中输入其店铺 url,人工核实,然后补充相应的信息。

(2)注册地址的处理。关于注册地址,经核对发现获取的店铺信息中有的是省名填写不正确,有的是城市填写不正确,比如填写的是县一级的;还有一些填写不规范,比如四川甘孜,有填写"甘孜",有填写"甘孜藏族自治州""甘孜州"等,这些统一都做了规范化处理,统一为同一个名字。还有一些数据处理的问题,比如数值数据输入成全角数字字符、字符串数据后面有特殊字符、日期格式不正确等。我们通过观察数据库中数据,然后编写相应的 sql 语句查询,并进行更正。

另外,阿里巴巴对淘宝及天猫网络零售平台的全部电子商铺查询做了一定的限制。如,淘宝网对每天调用的接口次数有限制,一般的用户,每天最大为 5000 次,这样抓取的时间势必会很长;又如,淘宝网对查询结果的条数有限制,每次查询结果一般小于 2000 条,这样如果我们想获取所有店铺,需要对店铺分门别类到很小的范围才能限制其查询结果不超过 2000条。另外基于我们自身的设备,存储上千万条样本数据,其存储以及数据分析也将变得异常复杂。基于以上的这些局限性,按照可行性原则,我们选择皇冠及以上以及天猫的店铺信息。这类店铺从数量上可控,通过淘宝网按照逐个城市查询,能够获取整个样本的数据。这样我们编写相应的爬虫工具进行抓取,可以较为准确获取相应的样本信息,同时我们也能将其保存在一般的计算机的数据库中方便查询及分析。

三、电商数据的收集流程

本书通过编写网络爬虫程序,对淘宝网店铺进行数据收集,收集之后保存到数据库中,之后再用相应的统计软件进行统计测度和建模分析。

数据收集流程如图 3-5 所示。

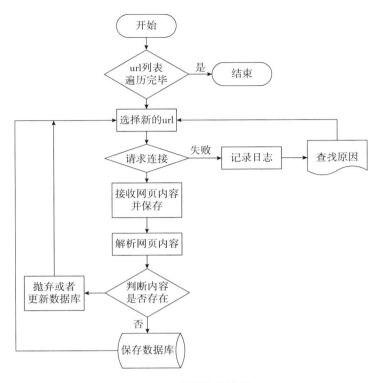

图 3-5　数据收集流程

四、电商数据说明

（一）数据的基本情况

1. 按照地区划分

我们采集的数据涵盖了全国 31 个省市区（没有包含台湾、香港、澳门）共计 332 个城市注册于 2003～2015 年且采样时仍存活的电子商铺信息，如表 3-1 所示。

表 3-1　全国 31 省份淘宝网皇冠以上店铺及天猫总店铺数

省份	城市	总数	省份	城市	总数	省份	城市	总数
上海	上海	21117	内蒙古	阿拉善盟	1	四川	阿坝	2
北京	北京	12618		吉林	38		雅安	9
天津	天津	962		四平	12	安徽	亳州	30
重庆	重庆	818		延边朝鲜族自治州	17		六安	47
云南	临沧	1	吉林				合肥	1004
	丽江	16		松原	11		安庆	104
	保山	12		白城	6		宣城	78
	大理	15		白山	14		宿州	40
	德宏	8		辽源	16		巢湖	3
	怒江	1		通化	23		池州	24
	思茅	1		长春	153		淮北	24
	昆明	356		乐山	18		淮南	23
	昭通	5		内江	20		滁州	57
	普洱	6		凉山	8		芜湖	200
	曲靖	9		南充	24		蚌埠	80
	楚雄	6		宜宾	31		铜陵	6
	玉溪	5		巴中	6		阜阳	67
	红河	13		广元	2		马鞍山	30
	西双版纳	11		广安	3		黄山	44
内蒙古	乌兰察布	3		德阳	22	宁夏	中卫	2
	乌海	2	四川	成都	2683		吴忠	1
	兴安盟	2		攀枝花	6		固原	1
	包头	23		泸州	16		石嘴山	1
	呼伦贝尔	13		甘孜	2		银川	27
	呼和浩特	89		眉山	28	山东	东营	33
	巴彦淖尔	18		绵阳	73		临沂	797
	赤峰	15		自贡	23		兖州	1
	通辽	30		资阳	19		威海	502
	鄂尔多斯	21		达州	16		德州	80
	锡林郭勒	4		遂宁	4		日照	85

省份	城市	总数	省份	城市	总数	省份	城市	总数
山东	枣庄	107	广东	梅州	81	新疆	克拉玛依	5
	泰安	100		汕头	1127		吐鲁番	3
	济南	1261		汕尾	37		和田	2
	济宁	153		江门	289		喀什	1
	淄博	236		河源	27		巴音郭楞	11
	滨州	102		深圳	11064		昌吉	7
	潍坊	471		清远	30		石河子	2
	烟台	340		湛江	60		阿克苏	6
	聊城	143		潮州	284		阿勒泰	2
	莱芜	6		珠海	285	海南	万宁	1
	菏泽	92		肇庆	54		三亚	11
	青岛	1525		茂名	30		文昌	1
山西	临汾	9		阳江	78		海口	64
	吕梁	8		韶关	47		琼海	3
	大同	13	广西	北海	13	青海	海东	1
	太原	181		南宁	201		海西	2
	忻州	3		崇左	5		西宁	13
	晋中	14		来宾	1	江苏	南京	2545
	晋城	8		柳州	59		南通	530
	朔州	3		桂林	78		太仓	1
	运城	24		梧州	10		宿迁	252
	长治	16		河池	6		常州	726
	阳泉	2		玉林	40		常熟	4
广东	东莞	3179		百色	2		张家港	2
	中山	983		贵港	4		徐州	911
	云浮	10		贺州	4		扬州	583
	佛山	1568		钦州	4		无锡	1131
	广州	15135		防城港	23		昆山	3
	惠州	567	新疆	乌鲁木齐	108		泰州	415
	揭阳	631		伊犁	5		淮安	220

续表

省份	城市	总数	省份	城市	总数	省份	城市	总数
江苏	盐城	418	河南	商丘	74	陕西	商洛	2
	苏州	4860		安阳	49		安康	9
	连云港	387		平顶山	13		宝鸡	14
	镇江	345		开封	41		延安	12
江西	上饶	116		新乡	77		榆林	6
	九江	113		洛阳	181		汉中	14
	南昌	505		济源	6		渭南	11
	吉安	48		漯河	92		西安	519
	宜春	75		濮阳	14		铜川	2
	抚州	59		焦作	58	西藏	拉萨	4
	新余	10		许昌	38	湖北	仙桃	11
	景德镇	133		郑州	1854		十堰	23
	萍乡	27		驻马店	21		咸宁	12
	赣州	155		鹤壁	12		天门	6
	鹰潭	23	浙江	临安	1		孝感	42
河北	保定	638		临海	1		宜昌	72
	唐山	130		丽水	446		恩施	21
	廊坊	129		台州	3031		武汉	2993
	张家口	24		嘉兴	2818		潜江	8
	承德	13		宁波	1952		荆州	113
	沧州	120		杭州	14050		荆门	23
	石家庄	1258		温岭	1		襄樊	17
	秦皇岛	71		温州	4513		襄阳	64
	衡水	182		湖州	1190		鄂州	4
	邢台	481		瑞安	2		随州	20
	邯郸	58		绍兴	851		黄冈	32
河南	三门峡	11		舟山	69		黄石	14
	信阳	32		衢州	238	湖南	娄底	25
	南阳	61		金华	7003		岳阳	116
	周口	46	陕西	咸阳	18		常德	64

续表

省份	城市	总数	省份	城市	总数	省份	城市	总数
湖南	张家界	31	福建	厦门	2206	辽宁	盘锦	11
	怀化	27		宁德	149		营口	32
	株洲	253		泉州	4687		葫芦岛	179
	永州	22		漳州	252		辽阳	21
	湘潭	63		福州	1349		铁岭	21
	湘西	14		莆田	427		锦州	30
	益阳	128		龙岩	104		阜新	8
	衡阳	49	贵州	六盘水	2		鞍山	126
	邵阳	63		安顺	3	黑龙江	七台河	2
	郴州	48		毕节	3		伊春	7
	长沙	1050		贵阳	75		佳木斯	12
甘肃	兰州	47		遵义	9		双鸭山	5
	天水	3		黔东南	6		哈尔滨	336
	庆阳	2		黔南	2		大兴安岭	12
	张掖	1		黔西南	1		大庆	14
	武威	1	辽宁	丹东	40		牡丹江	49
	酒泉	6		大连	544		绥化	10
	金昌	1		抚顺	28		鸡西	7
	陇南	1		朝阳	5		鹤岗	2
福建	三明	55		本溪	16		黑河	12
	南平	54		沈阳	737		齐齐哈尔	18

2. 按照产业划分

按照我国 2 位数行业划分，我们选取了 21 个 2 位数行业按其关键字在淘宝网及天猫平台上进行查询，然后对其查询结果进行抓取。由于篇幅限制，我们只选择了 3 个行业的结果，如表 3-2 所示。

表 3-2　按行业分全国 31 省份淘宝网皇冠以上店铺及天猫总店铺数分布

行业代码	行业名称	省份	总数	天猫	全球购	金冠	皇冠	钻级	星级
14	食品制造业	安徽	2242	221	2	3	262	811	710
14	食品制造业	北京	7136	667	91	30	1047	2779	1962
14	食品制造业	福建	3905	402	46	6	526	1642	1032
14	食品制造业	甘肃	314	15	0	0	20	122	101
14	食品制造业	广东	13658	1109	161	22	1565	6257	3781
14	食品制造业	广西	914	14	7	2	135	378	283
14	食品制造业	贵州	393	28	0	0	39	124	132
14	食品制造业	海南	227	32	0	0	48	69	60
14	食品制造业	河北	2547	129	4	2	210	1053	864
14	食品制造业	河南	2386	177	4	4	277	954	714
14	食品制造业	黑龙江	1353	91	27	3	175	505	397
14	食品制造业	湖北	1875	204	6	5	242	755	509
14	食品制造业	湖南	1957	211	1	12	282	759	501
14	食品制造业	吉林	653	62	5	0	86	248	167
14	食品制造业	江苏	8571	600	40	33	1160	3747	2420
14	食品制造业	江西	1325	112	2	0	141	526	411
14	食品制造业	辽宁	1942	142	32	9	309	785	501
14	食品制造业	内蒙古	727	100	2	7	124	238	166
14	食品制造业	宁夏	129	20	0	0	15	59	23
14	食品制造业	青海	65	5	0	0	5	36	14
14	食品制造业	山东	6317	477	44	13	938	2568	1737
14	食品制造业	山西	784	87	0	1	99	284	213
14	食品制造业	陕西	1113	75	5	3	129	421	347
14	食品制造业	上海	8375	1112	172	95	1867	3532	1471
14	食品制造业	四川	2157	219	10	6	314	837	588

行业代码	行业名称	省份	总数	天猫	全球购	金冠	皇冠	钻级	星级
14	食品制造业	天津	898	68	11	3	117	351	283
14	食品制造业	西藏	44	3	0	0	7	23	10
14	食品制造业	新疆	462	21	1	6	115	175	111
14	食品制造业	云南	1267	167	2	5	171	473	328
14	食品制造业	浙江	12926	1198	53	110	2343	5555	3021
14	食品制造业	重庆	945	101	8	0	134	354	254
15	酒、饮料和精制茶制造业	安徽	1393	70	1	1	109	430	481
15	酒、饮料和精制茶制造业	北京	3774	201	47	11	338	1312	1212
15	酒、饮料和精制茶制造业	福建	5037	195	13	2	393	1982	1593
15	酒、饮料和精制茶制造业	甘肃	97	0	0	0	3	29	30
15	酒、饮料和精制茶制造业	广东	7626	331	75	9	672	3056	2465
15	酒、饮料和精制茶制造业	广西	508	7	4	0	41	175	194
15	酒、饮料和精制茶制造业	贵州	407	13	0	0	15	125	124
15	酒、饮料和精制茶制造业	海南	125	18	0	0	14	35	28
15	酒、饮料和精制茶制造业	河北	1225	28	4	0	73	425	423
15	酒、饮料和精制茶制造业	河南	1102	45	0	0	58	380	369
15	酒、饮料和精制茶制造业	黑龙江	374	16	13	3	36	121	120
15	酒、饮料和精制茶制造业	湖北	911	53	8	1	99	316	270
15	酒、饮料和精制茶制造业	湖南	765	53	3	4	53	256	255
15	酒、饮料和精制茶制造业	吉林	206	7	0	0	22	62	60
15	酒、饮料和精制茶制造业	江苏	5332	134	17	7	429	2375	1786
15	酒、饮料和精制茶制造业	江西	634	20	0	1	51	212	197
15	酒、饮料和精制茶制造业	辽宁	692	21	12	5	85	223	219
15	酒、饮料和精制茶制造业	内蒙古	147	13	0	1	24	37	35
15	酒、饮料和精制茶制造业	宁夏	27	0	0	0	2	11	7

行业代码	行业名称	省份	总数	天猫	全球购	金冠	皇冠	钻级	星级
15	酒、饮料和精制茶制造业	青海	25	0	0	0	1	10	7
15	酒、饮料和精制茶制造业	山东	2323	100	21	4	222	760	730
15	酒、饮料和精制茶制造业	山西	367	19	0	0	34	111	103
15	酒、饮料和精制茶制造业	陕西	493	21	1	1	33	138	175
15	酒、饮料和精制茶制造业	上海	3813	359	75	35	842	1526	807
15	酒、饮料和精制茶制造业	四川	1058	64	5	0	82	329	356
15	酒、饮料和精制茶制造业	天津	387	16	6	1	40	117	132
15	酒、饮料和精制茶制造业	西藏	11	0	0	0	1	7	3
15	酒、饮料和精制茶制造业	新疆	98	1	0	0	14	31	22
15	酒、饮料和精制茶制造业	云南	1451	126	2	4	145	584	370
15	酒、饮料和精制茶制造业	浙江	4613	275	30	7	576	1900	1312
15	酒、饮料和精制茶制造业	重庆	322	12	3	0	27	99	102
17	纺织业	安徽	1637	131	2	2	156	568	552
17	纺织业	北京	8243	415	69	19	1149	3497	2394
17	纺织业	福建	3756	308	12	5	384	1801	1019
17	纺织业	甘肃	96	2	0	0	4	17	47
17	纺织业	广东	13214	1116	46	15	1727	6151	3410
17	纺织业	广西	446	4	2	1	47	176	160
17	纺织业	贵州	158	2	0	0	2	51	66
17	纺织业	海南	79	3	1	0	0	19	42
17	纺织业	河北	5103	275	1	9	491	2035	1655
17	纺织业	河南	2318	86	1	6	263	777	856
17	纺织业	黑龙江	441	6	3	0	29	174	155
17	纺织业	湖北	1743	97	4	4	201	718	526
17	纺织业	湖南	1407	70	5	2	172	545	461

行业代码	行业名称	省份	总数	天猫	全球购	金冠	皇冠	钻级	星级
17	纺织业	吉林	362	10	3	0	38	121	147
17	纺织业	江苏	19479	1410	25	15	2451	8409	5692
17	纺织业	江西	897	56	2	0	84	326	305
17	纺织业	辽宁	2002	41	30	2	328	866	562
17	纺织业	内蒙古	129	2	0	0	10	43	43
17	纺织业	宁夏	27	0	0	0	1	13	7
17	纺织业	青海	10	0	0	0	0	5	3
17	纺织业	山东	6775	314	23	11	953	2865	1919
17	纺织业	山西	437	11	1	0	20	132	182
17	纺织业	陕西	671	14	0	1	47	267	248
17	纺织业	上海	10161	1210	95	48	2175	4417	1935
17	纺织业	四川	1551	64	7	1	181	585	552
17	纺织业	天津	864	33	3	2	129	319	294
17	纺织业	西藏	8	6	0	0	0	1	0
17	纺织业	新疆	63	0	0	0	1	17	26
17	纺织业	云南	286	4	0	0	12	108	120
17	纺织业	浙江	21895	2024	43	123	3985	9512	5052
17	纺织业	重庆	605	25	4	0	52	225	205

（二）统计描述

对收集到的淘宝网皇冠及以上以及天猫历年的电子商铺信息，按照不同的注册年份进行分布情况统计，其中淘宝皇冠店铺从注册年份来看先加速，后减速，逐渐趋于均衡，类似于一条创新扩散曲线，而天猫店铺则是呈逐年递增趋势，如图3-6和图3-7所示。

（家）

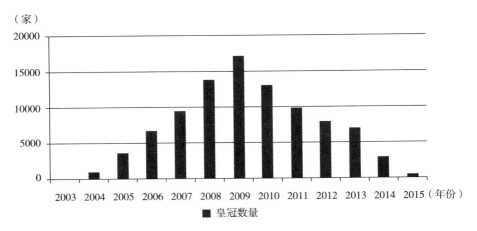

图 3-6　淘宝网皇冠及以上店铺按照注册年份的历年分布情况统计

（家）

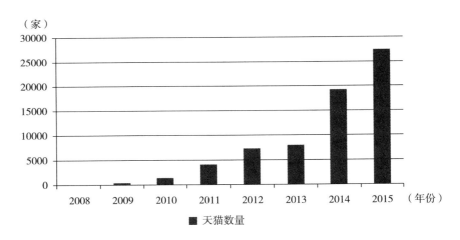

图 3-7　淘宝网天猫店铺按照注册年份的历年分布情况统计

表 3-3 统计了淘宝网各省皇冠及以上以及天猫店铺数总数及排名情况，从表中我们可以看出这两类店铺分布近似。其中，前 10 名排序基本一致，整体店铺分布均集中在东部沿海发达省份，中部、西部店铺分布与东部差距明显，尤其西部不发达省份店铺分布更是分散且稀少。它们说明我国电子商务空间分布特征极为不均，电子商务发展水平差距较大。

表 3-3　各省淘宝网皇冠以上及天猫店铺总数及排名

皇冠			天猫		
排序	省份	数量	排序	省份	数量
1	浙江	21338	1	广东	16987
2	广东	19276	2	浙江	15095
3	上海	12933	3	上海	8504
4	江苏	7974	4	江苏	5606
5	北京	7789	5	福建	5488
6	福建	4231	6	北京	5009
7	山东	3955	7	山东	2408
8	湖北	1858	8	湖北	1827
9	河北	1856	9	河北	1422
10	四川	1844	10	四川	1302
11	河南	1580	11	河南	1232
12	辽宁	1420	12	安徽	1043
13	湖南	1302	13	湖南	811
14	安徽	1063	14	江西	616
15	江西	757	15	辽宁	460
16	天津	646	16	天津	333
17	重庆	520	17	重庆	319
18	陕西	417	18	陕西	227
19	广西	413	19	云南	223
20	黑龙江	375	20	内蒙古	155
21	云南	285	21	山西	154
22	吉林	225	22	黑龙江	150
23	山西	211	23	吉林	112
24	内蒙古	183	24	青海	109
25	新疆	140	25	广西	52
26	海南	78	26	贵州	46

皇冠			天猫		
排序	省份	数量	排序	省份	数量
27	贵州	71	27	甘肃	31
28	甘肃	46	28	宁夏	22
29	宁夏	20	29	新疆	20
30	青海	13	30	西藏	9
31	西藏	4	31	海南	2

（三）数据的交叉验证

如前所述，本书需要构建一个反映我国长期电子商务发展水平的指标，由于已有数据的局限性，我们无法从现有数据中获得这一指标，故选择通过网络爬虫工具进行数据的抽样抓取。但是我们搜集的数据是否能代表我国各地区的电子商务发展水平，还需要进一步评估。目前我国电子商务发展水平测度最具代表性，并且连续测度的应当是阿里研究院每年发布的《中国电子商务指数报告》。该报告从 2010 年开始发布，最早称为网商指数，根据网商数量、销售额等计算所得，但只到省级层面。它从 2013 年开始改为更为全面的《中国城市电子商务指数报告》，包含 B2B 网商密度、零售商网商密度、网络消费者密度、店均网络交易额、人均网络消费额等指标，然后通过加权平均计算出各个城市电子商务指数报告。2014 年它进一步对指数计算方法做了微调整，报告名称改为《中国示范城市电子商务指数报告》（阿里研究院，2015；2016）。考虑到方法的可比性，我们选取 2014 年、2015 年的数据与我们抓取的样本中 2014 年、2015 年各个城市皇冠级别以上（包括皇冠店铺）加上天猫商城的电子商铺数量总和进行相关性分析。对应阿里研究院报告中选取的 293 个城市，我们也从我们的样本中抽出这些城市 2014 年、2015 年的数据，发现 2014 年和 2015 年两者相关系数分别为 0.8331 和 0.8899，相关程度较高。因此我们认为，本书采集的电商数据能较好地代表我国不同地区电子商务的发展水平。

我国电子商务的发展及空间分布测度

一、我国电子商务的发展状况

（一）我国电子商务的发展历程

我国电子商务的发展主要是基于互联网技术的发展，可以追溯到20世纪90年代初，1993年我国正式启动国家信息化建设，政府部门逐步启动了"金卡""金关""金税"三金工程的项目建设。1998年3月6日，我国国内第一笔互联网网上电子商务交易成功；1999年7月，浙江省某企业成功地通过网上支付形式采购了200万美元的设备材料，同年我国也把B2C网络交易形式作为网站的重点正式开始构建，随着"8848"B2C网站的正式开通，网上购物也正式进入实际应用阶段，之后便开始了我国消费者网上购物的新体验；2003~2007年是兴起阶段，阿里巴巴商务平台开始与外资电商eBay进行竞争，逐步实现了盈利并占领市场，随后当当、卓越、淘宝等一批电子商务企业纷纷成立，共同培育和推动了电子商务市场的发展；2008年到目前是转型增长高速发展时期，苏宁、国美等传统零售业也纷纷建立自己的销售网站，京东商城的营销策略更是弓爆整个B2C市场，一批电商巨头阿里巴巴、京东、唯品会等已成规模，纷纷赴美上市，电子商务也逐步进入了新的稳定发展时期。电子商务的发展历程（郑淑蓉和吕庆华，2013；潘洪刚和吴吉义，2012）由表4-1可以更清楚地说明。

表4-1　中国电子商务发展历程

阶段	时间	特征	代表事件
萌芽期	1997~1999年	信息化水平较低，大众对电子商务缺乏了解，加上互联网泡沫等因素影响，电商网站大多举步维艰	B2B—中国化工网上线 B2C—8848成立 C2C—易趣网上线 个人网银—招行一网通
复苏期	2003~2005年	电子商务网站开始务实经营，大批网民逐步接受网购	阿里巴巴成立淘宝，推出支付宝腾讯推出拍拍网，C2C三足鼎立格局形成
转型期	2008~2009年	初步形成了具有中国特色的网络交易方式，进入规范化、稳步发展阶段，电子商务企业竞争激烈	淘宝屏蔽百度搜索 特卖电商唯品会上线 当当网实现盈利 双十一大促开启
调整期	2000~2002年	电商问题暴露，资金撤离，市场重新洗牌，优胜劣汰，超1/3网站销声匿迹	慧聪网上线，卓越网成立 中国电子商务协会成立 eBay以3000万美元收购易趣网33%股份
成长期	2006~2007年	国家政策支持，基础环境不断成熟，物流、支付、诚信瓶颈得到基本解决	网盛科技上市，A股"中国互联网第一股"诞生 京东商城获投，开启国内家电3C网购新时代
发展期	2010~2012年	大量传统企业和资金流入网民数量和物流快递行业都快速增长	阿里巴巴建大淘宝物流 支付宝获得牌照 唯品会美国上市 电商监管首度立法

阶段	时间	特征	代表事件
崛起期	2013~2017 年	去中间化、去中心化、去边界化、多行业多领域全方位生态圈布局，如生活领域	美团外卖、拼多多崛起
引领期	2017 年至今	区块链、人工智能等技术在电子商务领域继续深化，数字经济全面到来	2018 年 3 月 31 日，《电子商务法》正式颁布 网红经济、直播带货

资料来源：《2016 年中国电商生命力报告》，艾瑞咨询，http://report.iresearch.cn/report/201612/2691.shtml。

目前电商主要朝着以下几个方向发展：一方面，电商由综合网购不断向生活服务、生鲜、母婴、跨境、农村等细分领域发展；另一方面，线上线下结合，企业合纵连横以及大数据技术的运用，都象征着中国电子商务走向生态化发展道路。而企业不断打通生态入口、产品、服务和场景，对自身生态体系内的新整合也不断地打破行业边界。

（二）电子商务的发展趋势与规模

1. 电子商务交易的趋势与规模

我国电子商务已经历了 20 多年的发展，从无到非常零星，再到目前的电商繁荣发展时期，这期间也历尽艰辛，由于其发展时间较短且迅速，其相关的统计数据比较缺乏。根据中国电子商务研究中心发布的数据，我们搜集了 2007~2018 年电子商务交易额的统计数据，主要包括电子商务交易额、B2B 交易额和网络零售交易额等数据，据此数据绘出了中国电子商务发展的趋势图，如图 4-1 所示。

根据图 4-1，电子商务交易额 2007~2018 年是逐年迅速增长的，但近年来增速放缓。从 2007 年的 2.17 万亿元增长到 2018 年的 32.55 万亿元，年均增长率 28%，其中 2007 年和 2008 年增长得最快，增长率达到 45% 左右，2009 年因受金融危机影响，这一年的增长率下降为 17.5%，之后到 2015 又经过一个快速增长阶段。近年来，随着电子商务进入平稳期及全球

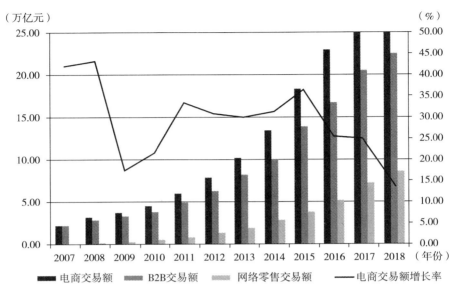

图 4-1　2007~2018 年中国电子商务交易金额及增长率

资料来源:《2018 年中国电子商务市场报告》。

经济的疲软,电子商务增速开始放缓,但是其仍然远远快于 GDP 的增长速度,是拉动经济增长的核心引擎。在电子商务的交易中,B2B 交易一直都是电商交易的主体,平均占总交易额 80% 以上,B2B 交易额从 2007 年的 2.2 万亿元增长到 2015 年的 13.9 万亿元,其增长趋势是先下降后增长,从 2008 年的 27.27% 的增长率下降到 2010 年的 15.85% 的增长率,之后又有所增长,如增长到 2013 年的 31.20%,2015 年增长率最高为 39%。但我们也发现从 2012 年开始 B2B 交易额有所降低,其交易额占比由 2012 年之前的 80% 以上缩减到 2018 年的 69%;与之相反的是网络零售交易额的快速增加,从 2007 年的 0.054 万亿元增加到 2012 年的 1.32 万亿元,又增加到 2018 年的 8.56 万亿元,近 5 年的平均增长率为 50% 左右,超过了 B2B 交易的最高增长率,这也说明近年来我国电子商务交易领域正在经历着新的变革,即从以 B2B 交易模式为主导,逐渐转向 B2B 和 B2C、C2C 交易模式齐驱发展,后者(B2C、C2C)近年来的发展势头更加迅猛。

2. 网络零售规模与社会零售规模

图 4-2 显示了 2009~2018 年网络零售交易额占社会零售交易额的比例,可以看出,网络零售交易额逐年递增,并且占社会零售额的份额越来

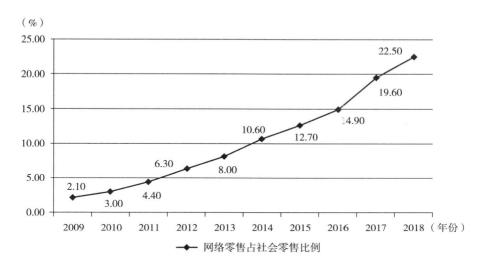

图 4-2 网络零售交易额占社会零售额的比例
资料来源：《2018 年中国电子商务市场报告》。

越大，从 2009 年的 2.1%一直增加到 2018 年的 22.5%。可见人们已经越来越习惯网上购物，线上销售实力不容小觑，传统实体零售已经在被迫转型，线上线下一体化或许是未来的出路。整体来看网络零售业对实体经济中社会零售业的冲击最为直接。

3. 网购用户的趋势与规模

随着网络的普及应用以及电子商务的发展，网购用户也越来越多，图 4-3 显示了 2009~2018 年我国网购用户的规模与增长率情况，网购用户从 2009 年一直处于增长趋势，用户规模从 2009 年的 1.21 亿人增长到 2018 年的 5.7 亿人。但近年来，随着用户的增多，潜在用户逐渐减少，用户的增长率是处于下降趋势的，增长率最高的为 2010 年的 30.58%及 2012 年的 30%，之后逐步下降到 2018 年的 6.94%，长远来看，随着电子商务进入稳定发展期，其用户增长率必将逐步下降。

4. 电子商务从业人员的趋势与规模

由图 4-4 列出了 2007~2018 年我国电子商务直接就业人员与带动就业人员的规模。研究期间电子商务就业人员一直处于增长趋势，从 2007 年起我国电子商务直接从业人员的 37 万人一直增加到 2018 年的 350 万人，增长了 9.5 倍。其中，2012 年以前，电子商务处于从零起步到扩大规模时

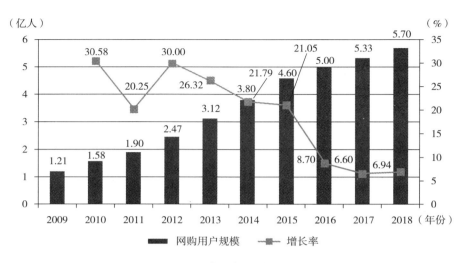

图 4-3 网购用户规模与增长率

资料来源：www. 100EC. CN。

间，需要就业人员较多，这时的就业人员增长率非常高，2009 年为 122%，2010 年为 60%，2011~2013 年平均为 13.7%，2014~2015 年有所降低，平均为 7% 左右。带动就业从 2007 年的 480 万人增加到 2018 年的 3000 万人，2008 带动就业增长率为 18.75%，2009~2010 年带动就业增长率比较高，平均达到 45%，之后近几年的增长率比较平稳，除了 2014 年较低为 7.14% 之外，其他年份增长率基本都在 11.5% 左右。

（三）电子商务的发展现状

1. 我国电子商务分类市场现状

我国目前电子商务的交易类型主要分为产业电商（B2B）、零售电商（主要包含 B2C 和 C2C）、生活服务电商和跨境电商，其中跨境电商可以是产业电商，也可以是零售电商甚至是生活服务电商。图 4-5 显示了 2018 年这几类电子商务交易所占的比重，其中产业电商仍然是电子商务的主体，占到市场交易的 69.12%，其他如网络零售业是 26.3%、互联网消费生活服务电商是 4.58%。

（万人）

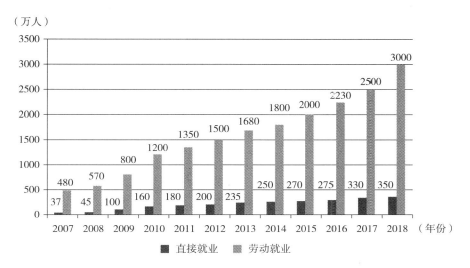

图 4-4　2007~2018 年中国电子商务从业人员趋势与规模

资料来源：www.100EC.CN。

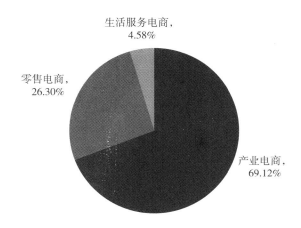

图 4-5　中国电子商务分类交易市场份额

资料来源：《2018 中国电子商务市场报告》。

2. 网络零售市场销售现状

　　网络零售市场主要包含 C2C 和 B2C 两类市场交易，2015 年 B2C 市场交易规模为 51.6%，C2C 市场交易规模达到 48.4%，C2C 市场交易规模比

2014年的54.3%减少了5.9%。从2015年之后，网络零售逐渐以B2C为主，随着电子商务发展，网络用户对品质的要求要大于价格，B2C更能满足用户的这种需求。

据中国电子商务研究中心监测数据（2018）显示，2018年中国B2C网络零售市场（包括开放平台式与自营销售式，不含品牌电商），天猫排名第一，占53.5%份额；京东排名第二，占27.8%份额；拼多多排名第三，占7.8%份额；位于第4~9名的电商依次为：苏宁易购（3.46%）、唯品会（2.18%）、云集（0.38%）、蘑菇街（0.28%）、当当（0.26%）、其他（4.34%）。拼多多2016年后，异军突起，迅速占据了第三位。

3.跨境电商现状

近年，跨境电商的交易规模也逐年增加，从2011年的1.7万亿元增加到2018年的9万亿元，2018年同比2017年8.06万亿元增加了11.6%。其中2013年增长得最快，增长率达到50%，2014年以来，平均增长率为30%左右，增长的还是比较快的，主要得益于我国目前比较稳定的内外部经济环境。但是从跨境电商交易额的增长率来看，近年来处于稳步下降状态，说明已经过了高速增长期，正在跨入稳定增长期，如图4-6所示。

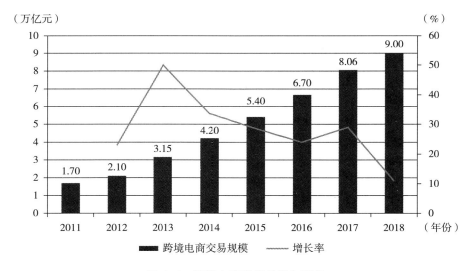

图4-6 跨境电商发展趋势与现状

资料来源：《2018中国电子商务市场报告》。

4. 移动网购交易现状

2015年移动网购交易规模达到20184亿元，比2014年的9285亿元增长了117.4%，其增速远远超过网络购物的速度，这说明电子商务企业从PC端向移动端平移是大势所趋，移动端具有不受地域影响、碎片化、互动性、传播效率高等优势，目前天猫、京东、唯品会、苏宁易购等电商都在移动端设有自己的平台，很显然未来移动电商将会越来越多地取代PC端，仅2015年的"双11"，天猫移动端成交占比68%，京东移动端成交比达到74%，唯品会成交量更大占比达到80%。可见未来移动端交易会有更大的发展潜力。

5. 农村网购市场现状

2018年中国农村网购市场规模达到17050亿元，比2017年的12448.8亿元增长37%，国内电商也在着力打造开拓农村市场，如京东的"3F战略"，包括工业品进农村战略、农村金融战略和生鲜电商战略等；阿里巴巴的构建农村天、地、人三网战略；苏宁易购的融合线上线下、发展农村O2O战略等。

二、我国电子商务的空间分布特征

电子商务虽然是网络上的交易活动，实际上交易的双方主要仍然是零售商与消费者，只不过电子商务零售商的表现形式是网上的电子商铺，而消费者是指进行交易的网络用户，大部分消费者与网商电子商务交易的完成仍需要商品的实体运输，因此电子商务也有其具体的空间分布，可以通过电子商铺的注册地址统计其在实际地理空间上的分布。使用这一指标的原因主要包括：①电子商务产生的实际利润应该主要在电子商铺所在地，因此电子商铺的发展状况在很大程度上代表了一个地区电子商务的发展水平；②如第三章所述，电子商铺数据比其他数据更容易获取，更易于界定有代表性的样本。因此下面我们就以第三章所述的淘宝网电子商铺数据为指标来分析我国电子商务的分布特征。

（一）我国电子商务的总体分布状况

表 4-2 列出了截至 2015 年底各省淘宝网店铺的个数与排名。总的来看，我国电子商铺分布高度集中在沿海发达省份。例如，排名第一的浙江拥有商铺数（36166 个）是排名最末的西藏的商铺数（12 个）的 3014 倍，广东商铺的个数为 35883 个，居于第二位，排名第三的上海商铺个数为21117 个，其他依次为江苏（13402 个）、北京（12618 个）、福建（9624个）等。另外我们还统计分析了 2003~2015 年各省淘宝网电子商铺的前 10排名，发现浙江、广东、上海、江苏、北京、福建、山东这 7 个省份排名一直位于前 7 名，这 7 个省份店铺数占全国的份额达到了 80.15%。

表 4-2　2015 年底各省份淘宝网店铺汇总统计排名

排名	省份	数量（个）	排名	省份	数量（个）	排名	省份	数量（个）
1	浙江	36166	12	湖南	2088	23	内蒙古	336
2	广东	35883	13	安徽	2052	24	吉林	333
3	上海	21117	14	辽宁	1853	25	新疆	160
4	江苏	13402	15	江西	1353	26	贵州	115
5	北京	12618	16	天津	962	27	青海	110
6	福建	9624	17	重庆	818	28	海南	80
7	山东	6286	18	陕西	633	29	甘肃	76
8	湖北	3633	19	黑龙江	513	30	宁夏	42
9	河北	3233	20	云南	492	31	西藏	12
10	四川	3112	21	广西	464			
11	河南	2780	22	山西	355			

（二）我国电子商务空间分布演化特征——基于省域

图 4-7 显示了电子商务发展初期（2004 年）和蓬勃发展期（2015 年）

我国 31 个省市区（由于没有台湾、澳门、香港的店铺数据，故没有包括这 3 个地区）的区域分布状况，按照东、中、西部①进行区域划分，来分析电子商务空间分布的演化路径。从图 4-7 中可得，电子商务空间分布的演化主要包括以下几个特征：①从 2004 年电子商铺分布图上，可以看出电子商铺早期分布主要位于北京、上海、广东、浙江、江苏 5 个发达省份，这几个省份也是我国经济水平发展较高的省份，而西部经济发展落后省份的电子商务分布密度基本为零，由此可见我国电子商务起源于经济发展水平较高的地区。②从 2004 年到 2015 年短短的 11 年间，我国电子商铺的发展范围已经触及我国西部、西南、东北部等偏远地区，说明电子商务在我国的发展非常迅速；但是从图中明显地看出我国电子商务还是主要集中在广东、浙江、江苏、山东、福建、上海、北京等东部发达省份，说明东部沿海省份一直保持着先发达的集中分布优势，仍是电子商务发展集聚的核心。③从分布图上还可以看出我国电子商务的分布可以划分为较为明显的 3 个区域，其中东部区域电子商铺数量最多，相应地其电子商务发展水平越高，中部区域次之，西部区域最少。我国经济发展水平恰表现为东部区域最发达，中部次之，西部最不发达。说明电子商务的发展与地区经济水平发展基本相一致。④我国电子商务的发展水平自东向西，由高到低发展，越是邻近东部区域其电子商务发展程度越高，说明我国电子商务的发展可能存在空间相关性，其空间分布表现为区域集中，在一定程度上或许由空间溢出效应引起，需要进一步研究分析。

（三）我国电子商务空间分布演化特征——基于城市

图 4-7 从省级层面分析了我国电子商务的空间分布演化特征，省级层面涉及区域广，一些省内部存在经济发展程度差异较大的情形，因此省级层面的分析或许忽略了一些更为细节的表现，基于此我们进一步从城市层面分析我国电子商务空间分布特征。

---

① 东部：北京、天津、河北、辽宁、上海、江苏、浙江、福建、山东、广东、海南；中部：山西、内蒙古、吉林、黑龙江、安徽、江西、河南、湖北、湖南；西部：四川、重庆、贵州、云南、西藏、陕西、甘肃、青海、宁夏、新疆、广西。

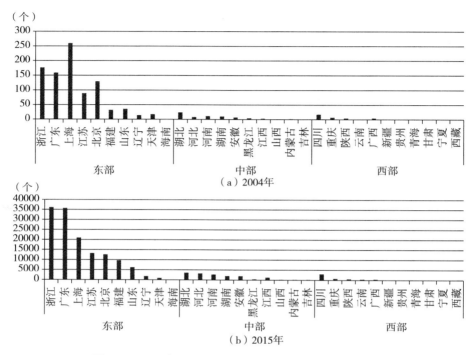

图 4-7　2004 年、2015 年全国 31 省市区电子商铺分布

　　表 4-3 列出对淘宝网皇冠以上及天猫店铺在 2004 年和 2015 年前 100 名城市的分布情况。从表 4-3 我们可以发现：①从 2004 年电子商务开始兴起，经过了 10 年的发展，到 2015 年，我国电子商铺主要分布在经济发展水平较高的直辖市、省会城市、区域发达城市及制造业基地城市。同时它们的分布逐渐向两类城市集聚：第一类城市如北京、广州、上海、深圳、杭州等，这些城市是我国一线城市，具有人口密集、经济发达、人力资本高、交通发达等特点；第二类城市如金华、苏州、泉州、温州、台州、东莞、莆田等，这类城市是工业发达或者某一行业的制造基地，如泉州、温州、莆田都是著名的制鞋业产地，汕头是玩具制造产地，东莞、宁波、中山是服饰制造地。②经济发达的城市电子商务发展水平高，尤其是一线城市，从电子商务发展初期就保持了较高的水平，随着电子商务的发展，其高速发展水平不但没有下降，反而由于规模或者知识溢出等作用，其优势更加明显。比如排名前 5 的城市，经过 10 年的发展仍然是上海、广州、北京、杭州、深圳，而且从其每年增加的商铺数来看，这种优势仍然

在继续扩大。③电子商务发展的初期，电子商铺就更多地集聚在一线发达城市或者省会城市，随着其进一步发展，工业发达的城市优势逐渐显现出来。比如，广州制造业比北京的制造业更为发达，在其他交通、人口相似的情况下，广州电子商务的发展超过了北京；金华是小商品集散地，小商品制造业发达，其拥有的电子商铺数全国排名第6，不仅超过了与其人口、交通条件相似的城市，更超过了交通、人口比其更有优势的一些省会城市，说明电子商务的空间分布不仅与人口、交通等有关，而且与其制造业的发达程度也紧密相关。④电子商务发展迅速，其分布由早期不到百城，现在已经遍及全国各个城市，但是其分布仍然十分不均衡。我们对表4-3排名前100的城市，具有店铺数超过1000个的所在省份进行统计，其分布依次为：浙江7个（杭州、金华、温州、台州、嘉兴、宁波、湖州），广东5个（广州、深圳、东莞、佛山、汕头），江苏3个（苏州、南京、无锡），福建3个（泉州、厦门、福州），山东2个（青岛、济南），四川、湖南、湖北、河南、河北、安徽各1个且都在省会城市。其分布基本都集中在东部沿海工业发达城市或者中西部较发达的省会城市。

表4-3　2004年、2015年全国电子商铺城市排名前100　　单位：个

排名	年份	省市区	城市	总数	新增	年份	省市区	城市	总数	新增
1	2004	上海	上海	261	231	2015	上海	上海	21117	2875
2	2004	北京	北京	130	124	2015	广东	广州	15135	2525
3	2004	浙江	杭州	103	94	2015	浙江	杭州	14050	2273
4	2004	广东	广州	61	54	2015	北京	北京	12618	1664
5	2004	广东	深圳	58	56	2015	广东	深圳	11064	2591
6	2004	江苏	南京	33	31	2015	浙江	金华	7003	1155
7	2004	湖北	武汉	21	20	2015	江苏	苏州	4860	998
8	2004	江苏	苏州	20	19	2015	福建	泉州	4687	1147
9	2004	浙江	金华	19	17	2015	浙江	温州	4513	760
10	2004	天津	天津	17	14	2015	广东	东莞	3179	612
11	2004	浙江	嘉兴	15	14	2015	浙江	台州	3031	485
12	2004	四川	成都	14	13	2015	湖北	武汉	2993	585

排名	年份	省市区	城市	总数	新增	年份	省市区	城市	总数	新增
13	2004	浙江	宁波	14	13	2015	浙江	嘉兴	2818	651
14	2004	广东	东莞	11	11	2015	四川	成都	2683	427
15	2004	浙江	温州	11	10	2015	江苏	南京	2545	373
16	2004	江苏	无锡	10	8	2015	福建	厦门	2206	510
17	2004	福建	福州	10	7	2015	浙江	宁波	1952	356
18	2004	福建	厦门	9	9	2015	河南	郑州	1854	390
19	2004	山东	青岛	9	7	2015	广东	佛山	1568	344
20	2004	山东	济南	9	6	2015	山东	青岛	1525	202
21	2004	河南	郑州	8	8	2015	福建	福州	1349	342
22	2004	福建	泉州	8	7	2015	山东	济南	1261	185
23	2004	广东	佛山	7	7	2015	河北	石家庄	1258	302
24	2004	浙江	台州	7	7	2015	浙江	湖州	1190	204
25	2004	辽宁	沈阳	7	7	2015	江苏	无锡	1131	173
26	2004	重庆	重庆	7	6	2015	广东	汕头	1127	207
27	2004	广东	中山	6	6	2015	湖南	长沙	1050	179
28	2004	河北	石家庄	6	6	2015	安徽	合肥	1004	250
29	2004	湖南	长沙	6	6	2015	广东	中山	983	0
30	2004	山东	烟台	5	5	2015	天津	天津	962	148
31	2004	江苏	常州	5	5	2015	江苏	徐州	911	127
32	2004	江苏	徐州	5	5	2015	浙江	绍兴	851	142
33	2004	辽宁	大连	5	5	2015	重庆	重庆	818	124
34	2004	安徽	合肥	4	4	2015	山东	临沂	797	181
35	2004	江苏	扬州	4	4	2015	辽宁	沈阳	737	64
36	2004	江苏	镇江	4	4	2015	江苏	常州	726	109
37	2004	黑龙江	哈尔滨	4	4	2015	河北	保定	638	104
38	2004	广东	珠海	4	3	2015	广东	揭阳	631	92
39	2004	山东	潍坊	3	3	2015	江苏	扬州	583	117

续表

排名	年份	省市区	城市	总数	新增	年份	省市区	城市	总数	新增
40	2004	广东	江门	3	3	2015	广东	惠州	567	93
41	2004	浙江	湖州	3	3	2015	辽宁	大连	544	47
42	2004	浙江	绍兴	3	3	2015	江苏	南通	530	71
43	2004	湖南	株洲	3	3	2015	陕西	西安	519	79
44	2004	陕西	西安	3	3	2015	江西	南昌	505	101
45	2004	江苏	南通	3	2	2015	山东	威海	502	90
46	2004	福建	莆田	3	2	2015	河北	邢台	481	121
47	2004	四川	绵阳	2	2	2015	山东	潍坊	471	100
48	2004	安徽	安庆	2	2	2015	浙江	丽水	446	97
49	2004	山东	临沂	2	2	2015	福建	莆田	427	0
50	2004	山东	聊城	2	2	2015	江苏	盐城	418	78
51	2004	广东	云浮	2	2	2015	江苏	泰州	415	67
52	2004	广东	汕头	2	2	2015	江苏	连云港	387	65
53	2004	广东	潮州	2	2	2015	云南	昆明	356	74
54	2004	广西	桂林	2	2	2015	江苏	镇江	345	0
55	2004	江西	南昌	2	2	2015	山东	烟台	340	0
56	2004	河北	邢台	2	2	2015	黑龙江	哈尔滨	336	41
57	2004	山东	济宁	2	1	2015	广东	江门	289	46
58	2004	江苏	泰州	2	1	2015	广东	珠海	285	47
59	2004	浙江	衢州	2	1	2015	广东	潮州	284	31
60	2004	云南	昆明	1	1	2015	湖南	株洲	253	0
61	2004	内蒙古	呼和浩特	1	1	2015	江苏	宿迁	252	56
62	2004	内蒙古	鄂尔多斯	1	1	2015	福建	漳州	252	69
63	2004	吉林	长春	1	1	2015	浙江	衢州	238	30
64	2004	四川	攀枝花	1	1	2015	山东	淄博	236	0
65	2004	安徽	马鞍山	1	1	2015	江苏	淮安	220	38
66	2004	山东	威海	1	1	2015	广西	南宁	201	0

续表

排名	年份	省市区	城市	总数	新增	年份	省市区	城市	总数	新增
67	2004	山东	枣庄	1	1	2015	安徽	芜湖	200	38
68	2004	山西	大同	1	1	2015	河北	衡水	182	27
69	2004	广东	惠州	1	1	2015	山西	太原	181	0
70	2004	广东	湛江	1	1	2015	河南	洛阳	181	32
71	2004	广东	肇庆	1	1	2015	辽宁	葫芦岛	179	0
72	2004	广西	北海	1	1	2015	江西	赣州	155	38
73	2004	广西	柳州	1	1	2015	吉林	长春	153	0
74	2004	江苏	张家港	1	1	2015	山东	济宁	153	37
75	2004	江苏	淮安	1	1	2015	福建	宁德	149	45
76	2004	江西	九江	1	1	2015	山东	聊城	143	0
77	2004	河南	三门峡	1	1	2015	江西	景德镇	133	0
78	2004	河南	信阳	1	1	2015	河北	唐山	130	0
79	2004	河南	开封	1	1	2015	河北	廊坊	129	0
80	2004	湖北	宜昌	1	1	2015	湖南	益阳	128	21
81	2004	福建	三明	1	1	2015	辽宁	鞍山	126	0
82	2004	福建	漳州	1	1	2015	河北	沧州	120	0
83	2004	辽宁	丹东	1	1	2015	江西	上饶	116	22
84	2004	辽宁	葫芦岛	1	1	2015	湖南	岳阳	116	23
85	2004	陕西	延安	1	1	2015	江西	九江	113	0
86	2004	山东	日照	1	0	2015	湖北	荆州	113	0
87	2004	山东	淄博	1	0	2015	新疆	乌鲁木齐	108	0
88	2004	江苏	连云港	1	0	2015	山东	枣庄	107	11
89	2004	海南	海口	1	0	2015	安徽	安庆	104	0
90	2004	湖北	襄阳	1	0	2015	福建	龙岩	104	0
91	2004	湖南	怀化	1	0	2015	山东	滨州	102	22
92	—	—	—	—	—	2015	山东	泰安	100	0
93	—	—	—	—	—	2015	山东	菏泽	92	0

排名	年份	省市区	城市	总数	新增	年份	省市区	城市	总数	新增
94	—	—	—	—	—	2015	河南	漯河	92	0
95	—	—	—	—	—	2015	内蒙古	呼和浩特	89	0
96	—	—	—	—	—	2015	山东	日照	85	0
97	—	—	—	—	—	2015	广东	梅州	81	16
98	—	—	—	—	—	2015	安徽	蚌埠	80	0
99	—	—	—	—	—	2015	山东	德州	80	0
100	—	—	—	—	—	2015	安徽	宣城	78	0

三、我国电子商务集聚程度的测度及变动趋势

根据上一部分分析可知我国电子商务的空间分布不均衡，主要集中在我国东部沿海地区以及省会发达城市，那么其分布不均衡程度如何？有没有集聚或发散的趋势？下面我们采用传统产业集聚的测度方法——区域基尼系数，分别从空间和行业两个层面来测度我国电子商务的集聚程度，并分析其历年的集聚变化趋势。

（一）集聚的测度方法

传统的关于行业聚集度的测量方法包括赫芬达尔指数、赫希曼—赫芬达尔指数、信息熵、泰尔系数以及区域基尼系数、EG 指数等，这些指标对行业集聚度的测度主要采用产值、不同规模企业数量或者就业人数来测。当前关于产业集聚程度的测度更倾向于选用既考虑产值又考虑企业规模的 EG 指数，但根据文章第三章的分析，本书的研究对象是规模基本相同的企业（电子商铺），这样包含企业规模的 EG 指数等同于忽略企业规模的区域基尼系数测度方法，因此本书选用更为简洁的区域基尼系数测度方法。另外，为了更具体地揭示我国电子商务的集聚程度以及变动趋势，我

们以省为统计单位，从地区、行业两个层面进行统计测度。

目前关于区域基尼系数的计算方法有很多，本书采用文玫（2004）提出的计算方法：

$$G_i = \frac{1}{2n^2 \overline{S_i}} \sum_{k=1}^{n} \sum_{j=1}^{n} |S_{ij} - S_{ik}| \qquad (4-1)$$

其中，G_i 是 i 省（行业）电子商铺的空间集聚度，S_{ij}、S_{ik} 是 i 省（行业）的 j 城市（省份）和 k 城市（省份）的电子商铺数在 i 省（行业）所占的份额，n 是 i 省（行业）中统计的城市（省份）的个数，$\overline{S_i}$ 是各城市（省份）电子商铺在 i 省（行业）中所占份额的均值。电子商务在区域间的分布越均匀，其基尼系数就越小。当所有城市（省份）的电子商铺在某一省（行业）中所占的份额都相等时，则对应的基尼系数就为 0；如果电子商铺完全集中在一个城市（省份），该省（行业）电子商务对应的基尼系数就接近于 1；区域基尼系数大于 0.5，则表示发生了区域集聚。

（二）基于空间层面集中度的测度及变动趋势

1. 全国范围电子商铺集聚的整体变动趋势

图 4-8 是我们根据中国 332 个城市淘宝电子商铺个数为基础计算的全国电子商铺的基尼系数。由图可以看出，全国电子商铺集聚的区域基尼系数平均在 0.7 以上，说明我国电子商铺高度集中分布在少数城市。全国电子商务区域基尼系数在电子商务发展初期高度集中在极少数城市，区域基尼系数大于 0.8，其后的 2004～2008 年迅速下降至 0.74 左右，然后 2009 年开始缓慢上升，整体表现出高度集中—快速下降—缓慢上升的趋势，即集中—扩散—再集中的过程。其中 2008～2009 年发生短期波动，原因是淘宝网在 2008 年对经营模式做了较大的调整，新增加了天猫商城这一 B2C 模式，这种新模式在少数省份首先出现，对应地在 2009 年前后集聚度呈现出明显的集中趋势上升。到了 2010 年由于信息技术的快速扩散，导致其上升趋势并没有继续下去，而是随着这一模式的扩散抑制了其集聚的增长速度。但此时各城市电子商铺集中所产生的规模经济效应将会逐渐呈现出来，从而形成更强的集聚向心力，当其大于技术扩散的离心力后，将进一步加强电子商务的集聚态势，再次表现为上升趋势。

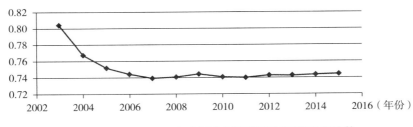

图 4-8　2003~2015 年全国电子商铺基尼系数变化趋势

2. 分省电子商铺的变动趋势

我们计算了 2003~2015 年我国 27 个省电子商铺分布的区域基尼系数，其中直辖市由于没有各区县的层面数据，所以无法计算其区域基尼系数，我们按照我国东、中、西部三个区域将其区域基尼系数绘制在图 4-9、图 4-10、图 4-11 中。由于部分省份在 2003 年、2004 年电子商铺数为 0，为了使图示更为清晰，在图中我们将含有电子商铺为 0 的年份舍弃掉，对应的东部、中部的图显示为从 2004 年开始，西部由于电子商务发展开始更晚，则从 2005 年开始。对于东部沿海发达省份，图 4-9 显示，广东电子商务最为集中，而且集中趋势相对比较平稳，基尼系数的均值在 0.8 以上；河北电子商务的集中程度则相对最小，其变化幅度也最为剧烈，其集中程度均值在 0.55 附近；其他几个省份（排除异常点）基本都是从高度集中然后转向发散再集中的过程。

对于中部各省份，图 4-10 显示，吉林的省份集中趋势为一直下降，其他所有省份的集中趋势表现也都是从高度集中然后转向发散再集中的过程，但是与东部相比，其集聚程度的波动更大一些。中部省份湖北表现最为集中，其集中程度均值为 0.85 以上，分析原始数据，发现其主要集中在省会城市武汉；集中程度最低的省份为江西，其集中程度均值为 0.52左右。

对于西部各省份，图 4-11 显示，相对东部、中部，其各省的电子商务集中程度更加集中，其中集中程度大于 0.7 以上的省份有 7 个，而东部、中部分别为 3 个。西部集中程度最高的省份为四川，其集中程度均值高达0.89，主要集中在其省会城市成都；集中程度最低的省份为内蒙古，集中程度为 0.62 左右。

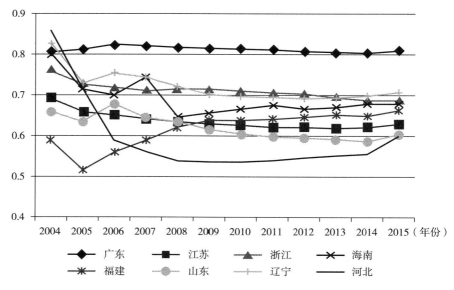

图 4-9 我国东部电子商铺地理集中指数

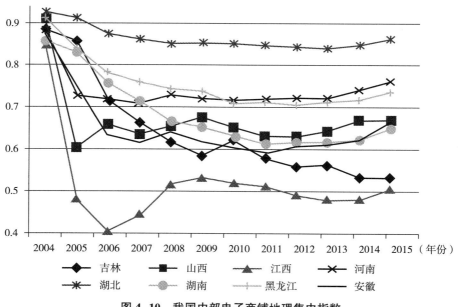

图 4-10 我国中部电子商铺地理集中指数

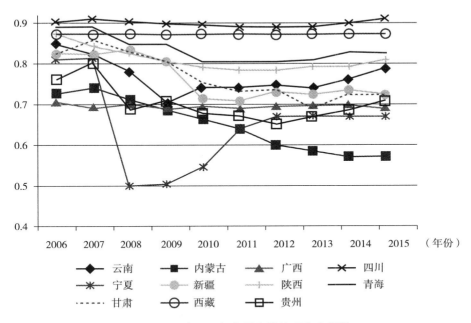

图 4-11　我国西部电子商铺地理集中指数

　　总的来看，不管是东部、中部、西部，从各省历年基尼系数的均值来看，各省电子商铺基本上都是高度集中于少数城市，电子商铺在各省内的分布也是极不均衡的。具体有以下特点：①基尼系数均值大于 0.7 的省份，电子商铺主要集中分布在省会城市，而且均值越大，说明省会集中度越高——除广东以外这些省份都是典型的单中心省份，这与实体经济的集聚表现一致。②区域基尼系数的峰值高于 0.85 的省份——四川、湖北，电子商铺均高度集中在省会城市，成都、武汉电子商铺数分别占各省电子商铺数的 88.99% 和 86.13%，对应地，实体经济中成都、武汉各自的经济总量都超过各省 GDP 的 1/3。这也反映出电子商务发展与实体经济还是高度相关的。③电子商铺基尼系数的均值小于 0.7 的省份，省内各城市发展相对比较均衡，一般表现为双中心或多中心，比如山东的青岛、烟台、济南，江苏的南京、苏州、无锡等。

（三）基于行业层面集中度的测度及变动趋势

当前我国网络零售中最为热门的主要是图书、数码、服饰、日用、食品这几类商品，因此，我们根据所收集到的数据，选取其中的数码、服饰、日用、食品这四大类行业的电子商铺，计算每一类别的电子商铺在2003~2015年的集中程度以及变动趋势。同时我们将这四类的集中程度与其对应的我国2位数制造行业做对比，分析它们之间的联系与区别。

1. 四类行业电子商铺集中程度测度及变动趋势

从图4-12我们可以看出，数码行业的集中程度最高，基尼系数的均值达到了0.824。从其集中趋势来看，其经历先下降后上升再下降的过程，说明数码行业电子商务的发展开始先集中在少数地区，然后可能随着电子商务相关技术的迅速扩散，在其他各个省份迅速扩展开来，之后集中程度再次上升。我们猜想一方面由于发达省份各方面环境更好，其经营理念、人力资本、政策等更利于电子商务发展；另一方面或许由于发达省份电子商务的先发优势开始显现出了规模经济效应，促使更多的人从事相同行业的经营等；2013年之后数码行业集中程度再次表现为下降，或许此类行业在发达省份趋近饱和，竞争更加激烈或者其他省份电商环境及政策有了更大的提升等缘故，这需要进一步做实证分析。服饰、日用两个行业的集中程度比较接近，他们集中指数均值分别为：0.772、0.762，而且其集中趋势都是先下降再上升，不过服饰的变动趋势更为平稳，而日用行业的波动则相对更大一些。食品行业的集中程度最低，其均值为0.636，而且其波动幅度最大，从初期的0.9下降到当前的0.63。食品行业的集中变动趋势与服饰、日用行业一致，也是先下降再上升，即集中首先发生于少数发达省份，随着技术扩散快速地普及全国其他省份。随后，具有发展优势的省份由于人力资本、交通、政策等优势以及先期优势带来的规模经济等的作用，再次加强了电子商务向这些省份的集中。

2. 四类实体行业集中程度测度及变动趋势

图4-13显示了2002~2014年数码、服饰、日用、食品所对应的实体行业的集中指数，具体以各省对应行业的工业产值为基础进行计算。从图中我们可知集中程度最高的行业为数码行业，然后依次为服饰、日用、食品行业，这与图4-12中电子商务集中程度相一致，表明电子商务的集中

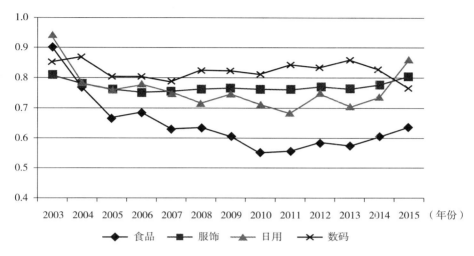

图 4-12　基于行业分类的电子商务集中指数

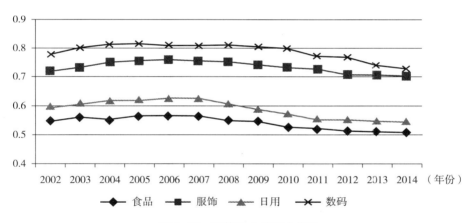

图 4-13　实体行业的集中指数

可能与实体行业有关。同时，实体行业 2002~2014 年集中趋势整体表现为
先上升然后下降的过程，与电子商务发展的集中趋势相比基本是相反，又
说明影响两者集中的因素存在区别。总体来看，我国实体行业的分布存在
较为明显的区域集中特征，而新出现的电子商务的分布仍然没有摆脱区位
集中的发展路径，并且表现出实体行业越集中的行业，对应的相关电子商
务行业也越集中，说明电子商务的发展摆脱不了实体经济发展的影响。至
于它们之间的具体关系，留待后文讨论。

四、我国电子商务空间分布的自相关
测度及变动趋势

Tober（1970）提出"地理学第一定律"："所有事物都与其他事物相关联，但较近的事物比较远的事物关联更紧密。"这个定律揭示了事物之间存在着空间相关性。空间计量经济学中通常用"空间自相关"对这个特征进行测度，其含义为位置相近的区域具有相似的变量取值。如果高值与高值聚集在一起，低值与低值聚集在一起，那么认为变量存在"正空间自相关"；反之，如果高值与低值相邻，则认为变量存在"负空间自相关"；如果高值与低值完全随机地分布，则认为不存在空间自相关。通常"正空间自相关"关系更常见。目前最常用的空间自相关测度方法为 Moran（1950）提出的"莫兰指数"（Moran's I），分为全局空间自相关和局部空间自相关。

（一）空间自相关测度方法

进行空间自相关分析，首先需要定义空间对象的空间关系，从而建立空间权重矩阵；其次对整个区域进行全局空间自相关分析，判断是否存在空间自相关现象；最后对各个局部区域进行局部空间自相关分析，找出空间自相关现象存在的局部区域，根据这些局部区域与其邻近区域正空间自相关还是负空间自相关特征，从而识别空间集聚还是空间孤立，并进一步探测空间异质性等特征。

1. 空间权重矩阵

空间权重矩阵表示如下：

$$W = \begin{pmatrix} w_{11} & \cdots & w_{1n} \\ \vdots & \vdots & \vdots \\ w_{n1} & \cdots & w_{nn} \end{pmatrix} \tag{4-2}$$

其中，主对角线上元素 $w_{11} = \cdots = w_{nn} = 0$（同一局域距离为0）。空间权重矩阵为对称矩阵。矩阵元素 w_{ij} 表示区域 i 与区域 j 的距离，距离函数有如下几种：①"相邻"，即如果区域 i 与区域 j 有共同的边界，则 $w_{ij} = 1$；反之，则 $w_{ij} = 0$。②基于临界距离 d，然后计算区域间的地理距离 d_{ij}，如果 $d_{ij} > d$，则 $w_{ij} = 1$；反之，则 $w_{ij} = 0$。③直接采用区域间距离之倒数或者距离平方之倒数等。④采用经济距离，比如基于运输成本或旅行时间的经济距离，或者地理距离与经济距离进行某种运算作为 w_{ij}。

2. 全局莫兰指数

全局空间自相关主要检验空间相邻或相近的区域单元属性值在整个研究区域内空间相关性的总体趋势（Anselin，1988），一般采用全局莫兰指数（Moran's I）进行测度，计算公式如下：

$$I = \frac{\sum\limits_{i=1}^{n} \sum\limits_{j=1}^{n} W_{ij}(x_i - \bar{x})(x_j - \bar{x})}{s^2 \sum\limits_{i=1}^{n} \sum\limits_{j=1}^{n} W_{ij}} \quad (4-3)$$

式（4-3）中，I 为莫兰指数，$s^2 = \dfrac{\sum\limits_{i=1}^{n} (x_i - \bar{x})^2}{n-1}$ 为样本方差，W_{ij} 为空间权重矩阵（i，j）元素（用来度量区域 i 与区域 j 之间的距离），x_i、x_j 表示空间单元 i 和 j 的属性值，$\bar{x}$ 为观测值的平均值；Moran's I 取值在 $-1 \sim 1$，当 $I > 0$ 时为空间正相关，在空间上呈集聚格局，值越大集聚程度越大；$I < 0$ 时为空间负相关，值越小负相关程度越强；$I = 0$ 代表空间不相关。全局空间自相关能够反映研究现象在全部区域空间上的分布模式。

3. 局部莫兰指数

局部莫兰指数测度的是局部区域 i 与相邻区域的空间集聚情况，其具体计算公式如下：

$$I_i = \frac{(x_i - \bar{x}) \sum\limits_{j=1}^{n} W_{ij}(x_i - \bar{x})}{s^2} \quad (4-4)$$

局部莫兰指数与全局莫兰指数相似，正的 I_i 表示 i 区域的高（低）值被周围的高（低）值所包围，负的 I_i 则表示区域 i 的高（低）值被周围的低（高）值所包围。

（二）我国电子商务空间分布的自相关测度与分析

图4-14利用全局莫兰指数方法，以两两城市间的距离倒数为权重构建空间矩阵，并依据293个城市的电子商铺个数，计算了我国电子商务从2003~2015年每一年的全局自相关系数。如图4-14所示，全局莫兰指数均大于0，表明我国电子商务存在空间正相关，即电子商铺数多的地区集聚在一起，而电子商铺数少的地区集聚在一起。从历年的全局空间相关系数变化趋势来看，区域之间正相关性越来越强，说明城市之间的电子商务联系越来越紧密。不过，从空间相关性系数值来看，最大为0.035，我国电子商务整体空间相关性的绝对水平仍不是很高。

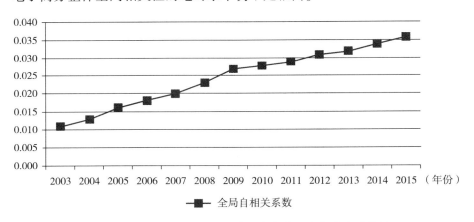

图4-14　2003~2015年我国电子商务全局自相关变动趋势

为了进一步分析是高—高区域积聚还是低—低区域积聚，我们进一步计算局部空间自相关系数，并绘制出莫兰指数散点图。图4-15（a）我们对2015年的293个城市的莫兰指数散点图进行空间相关性分析，可以看出，293个城市中，与其他城市存在显著空间相关性的城市并不多，而这些点基本分布在第一象限，即高—高集聚，说明我国电子商务表现出正的空间自相关性主要来自于高—高集聚。为了更清楚表示这些点代表的城市，我们将城市名字显示出来，如图4-15（b）所示，从图上可以看出我国电子商务高—高集聚区域主要发生在东部沿海发达城市，如上海、杭州、广州、深圳等，而在第二象限及第四象限，即高—低集聚区域主要发

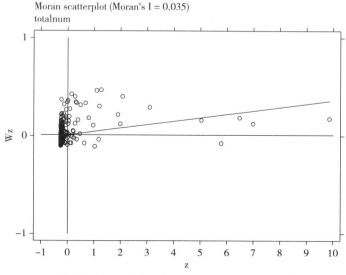

图 4-15（a）　我国电子商务莫兰指数散点图

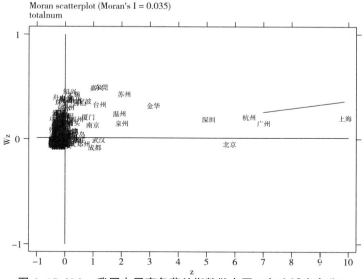

图 4-15（b）　我国电子商务莫兰指数散点图（包含城市名称）

注：由于篇幅所限，此图中包含的 293 个城市我们不再一一列出，读者可参考表 3—1 包含的 332 个城市剔除以下 39 个城市：万宁、临安、临海、仙桃、伊犁、兖州、兴安盟、凉山、和田、喀什、大兴安岭、大理、天门、太仓、巢湖、巴音郭楞、常熟、延边、张家港、德宏、怒江、思茅、恩施、文昌、昆山、昌吉、楚雄、济源、海西、温岭、湘西、潜江、琼海、瑞安、甘孜、石河子、红河、西双版纳、锡林郭勒。

生地北京、武汉、成都、郑州则表现为与周围城市呈负相关关系。将我国电子商务集聚现象与我国实体经济发展情形做对比，我们发现这两者有惊人的相似：我国目前经济发展，长三角、珠三角两个区域内城市发展相对均衡，并且为我国经济发达城市，而北京、武汉、成都、郑州这些区域周围，基本都呈现中心发达、边缘落后的现象，即他们经济发展水平与周围存在负相关关系，这说明我国电子商务的发展与我国实体经济发展存在十分紧密的关联关系。

五、小结

现有数据表明，随着我国互联网技术以及国家政策的支持，我国电子商务的发展非常迅速，B2B 模式一直是电子商务发展的主体，但近年 B2C 和 C2C 发展势头迅猛，而移动网购用户增长速度更是惊人。然而，根据本书构建的电商面板数据，各地的发展并不均衡。本章从区域总体、分省、分城市等层面分析了我国电子商铺的分布状况，发现它总体上由东部向西部扩散，高度集中在沿海发达省份，呈现明显的区域特性；电子商铺在城市层面的集中更是明显，但主要集中在经济发达地区如北京、广州、上海等一线城市，或者是集中在经济发展水平较高工业或某一行业的制造业基地，如金华、泉州、东莞等；据此可以推断我国电子商务的分布除了与当地的经济发展水平有关外，也可能与工业制造业的发展有关。为了进一步确认我国电子商务的集中程度，我们用区域基尼系数的计算方法，计算了我国电子商铺分布的集中程度，整体上我国电子商铺的集中趋势是先下降后上升。其中，东部的集中趋势较为平稳，中部基本上都是先集中后扩散，而西部地区总体上波动比较大，则呈现先集中后下降再集中的趋势。另外，从分行业的集中测度结果来看，所选的数码、服饰、日用、食品这几个行业的集中度都比较高，其集中趋势基本上都是先集中后下降再集中。同时，实体行业发展越集中的区域，电子商务发展也较为集中，但电子商务集中度的变化趋势与实体行业基本相反，又说明用影响实体产业集中的因素并不能完全解释电子商务的集中，也就是说电子商务集中的影响因素与实体产业的影响因素应该不完全相同，有必要专门进行研究。最后，我们又用空间自相关测度方法——莫兰指数对我国电子商务的空间自相关情况进行了测度，发现电子商务区域之间的自相关程度是越来越强的，但是从整体上来看，我国电子商务空间自相关的绝对水平还不是很高。与实体经济类似，这主要是因为非沿海地区的中心城市与周边的经济发展较不平衡，故而不存在明显的空间正相关。

我国电子商务空间
分布的影响因素

第四章的分析表明，我国电子商务的分布呈现明显的区域集聚特性，高度集中分布在东部沿海发达省份，从城市层面看，则高度集中在北京、上海、广州等一线发达城市或者是经济比较发达的金华、泉州、东莞等工业制造业基地。由此可见，电子商务的发展水平可能与当地的经济发展水平（尤其是实体产业的发展水平）有较大的关系。然而，电子商务的集中度变化又与实体行业不尽一致甚至相反，从而意味着影响电子商务发展的因素可能与实体行业不完全相同。本章将对电子商务与其对应实体制造业在空间分布上的关系进行更细致的考察，从而进一步确认上一章的发现。同时，这些发现也说明，电子商务的发展与实体经济间应该有一定的关系，但对这一关系应该在控制其他因素的条件下进行识别，所以有必要对电子商务空间分布的影响因素进行系统的研究。这将是本章的主要研究内容。

一、电子商务与实体经济的空间分布状况

电子商务的发展高度集中于发达地区，说明其与当地的经济发展水平存在较大的关系。为了进一步揭示它与当地实体产业（实体制造业）的关系，我们首先看一下电子商务与其对应的实体制造业的空间分布状况。

（一）　电子商务对应实体制造业的空间分布状况

图 5-1 为淘宝网主要销售产品所对应的 2 位数制造业在全国 31 个省份的工业产值分布图，为了与第四章图 4-7 对比，我们也仅绘出了 2004 年与 2014 年的工业产值分布图。具体方法是：首先按照淘宝网销售商品所对应的 2 位数行业，选取了包括"食品加工业""食品制造业""纺织业""纺织服装、服饰业""皮革、毛皮、羽毛及其制品和制鞋业""化学纤维制造业""非金属矿物制品业""金属制品业""计算机、通信和其他电子设备制造业"等共 9 个 2 位数行业；其次计算各区域这 9 个行业工业销售产值之和，作为各地区经济发展水平的代理指标，并计算各省占全国的份额，所占份额大的表示该区域经济发展水平较好，所占份额小的则表示该区域经济发展水平较低；最后根据计算结果将其分为三个等级：所占份额 0.05 以上为第一梯度；所占份额 0.01 ~ 0.05 为第二梯度；0.01 以下为第三梯度。具体结果如图 5-1 所示（为了与图 4-7 相统一，工业产值的计算没有包括台湾、澳门、香港 3 个地区），上半部分为 2004 年 9 个制造业对应的 2 位数产值，下半部分为 2014 年对应的值。对比 2004 年与 2014 年的工业分布结果发现：①我国的上述 2 位数制造业仍然高度集中分布在东部沿海省份，西部省份仍然是制造业洼地；工业分布整体格局呈现以珠三角、长三角两个经济区为核心，向内陆扩散的特征。②这 9 个制造业已经发生了产业转移，沿着邻近东部省份逐步向西部扩散，如原来位于第三梯度的江西、广西由于邻近 2 个集聚中心，在产业转移过程中优先进入了第二梯度。③第一梯度省份数量没变，第三梯度省份数量锐减（由 16 个减少为 10 个），第二梯度省份数量大大增加了（由 9 个增加到 15 个），说明在工业分布扩散的过程中，各区域工业分布差异逐步变小。

通过以上分析我们进一步确认：电子商务与实体制造业的分布有较高的相似度，例如：都集中分布在东部沿海经济比较发达地区，并且都呈现出向西部经济落后地区扩散的趋势。

（二）　电子商务与其对应实体制造业的集聚变动趋势

为了观察电子商务与其对应实体制造业的集聚变化趋势，我们进一步

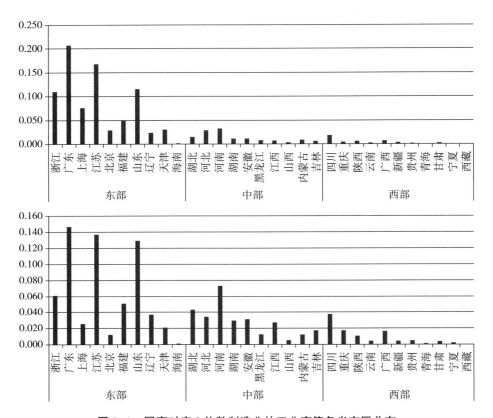

图 5-1 网商对应 2 位数制造业的工业产值各省市区分布

计算了 2003~2015 年电子商务及其对应实体制造业的分行业区域基尼系数，并以折线图的形式表示其历年的变化情况，如图 5-2 所示。

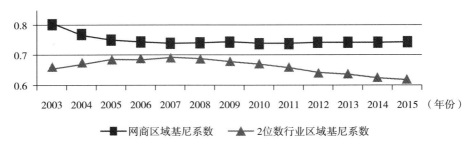

图 5-2 2003~2015 年电子商务及其对应实体制造业的集中变化趋势

产业区域集聚的测度指标区域基尼系数的计算结果如图 5-2 所示。首先，从区域基尼系数的数值大小来看：电子商务的区域基尼系数平均在 0.7 以上（区域基尼系数的值介于 0~1，其值越大，表示该行业在地理上的集聚程度越高，即产业在地理上越集中），说明我国电子商务高度集中分布在少数地区，而电子商务对应的实体制造业的区域基尼系数平均值在 0.6 以上，说明与电子商务相对应的实体制造业也是高度集中在少数地区，这与前文图 4-7、图 5-1 的分析结果一致。其次，从区域基尼系数的变动趋势来看：电子商务的区域基尼系数呈现先下降然后缓慢上升的变化趋势，即总体上看电子商务是经历了由分散到集中的趋势，其中 2008~2009 年发生短期波动，原因是淘宝网在 2008 年对经营模式做了较大的调整，新增加了天猫商城这一 B2C 模式。这种新模式出现首先集中出现在少数省份，对应地在 2009 年前后电子商务的集聚度呈现出微弱上升，到了 2010 年由于信息技术的快速扩散，这种 B2C 模式迅速扩散到其他省份，导致集聚度有所下降，但之后仍遵循传统经济活动的发展轨迹，即在具有某些优势因素的地方发展较快，逐步形成区域集聚态势，外在表现即为集聚度上升。而电子商务对应实体制造业的集聚发展趋势是首先呈现上升趋势，在 2008 年之后呈下降趋势，说明我国的工业分布则经历了由集中到分散的过程，分析其原因应该与我国当前采取的产业转移政策有关。

由以上分析可知，电子商务与实体产业的发展都呈现出一种集聚的状态，但是集聚发展趋势却是不同的，即整体上出现相反的一种变化形态，这说明电子商务的集聚发展影响因素可能与实体产业的发展集聚影响因素不同。那么要研究电子商务空间分布的影响因素，肯定不能完全照搬研究产业空间分布的理论与方法，但根据电子商务空间分布与传统产业空间分布的特征与变化趋势，我们可以在借鉴传统研究产业空间分布的基础之上结合电子商务的特征来进行电子商务空间分布的研究。

二、电子商务空间分布影响因素的相关假说

马歇尔较早论述了外部规模经济与产业集聚之间的紧密联系，他指出产业集聚是因为外部规模经济所致，而电子商务的发展也有集聚特征，故

电子商务的集聚发展也与外部规模经济有关。马歇尔认为存在三种体现经济外部性的渠道，使同一地区同一行业的企业之间存在正的溢出效应。这三种渠道包括：通过行业聚集可以共享中间投入品、鼓励专业化劳动力市场的产生以及促进知识的溢出效应。前两种渠道中企业的生产成本因为有同行业其他企业的存在而降低，第三种渠道表明企业在集群中将更易于开发新的产品和服务。行业集聚共享中间投入品，即企业间前后向关联，企业前后向关联导致的产业外部性使企业集聚在其他企业周围，传统产业集聚强调更多的是原材料或者中间产品引起的前后关联。而在这里我们将这一概念拓展到产销关联，电子商务作为生产企业的下游销售企业，与生产企业具有"前向关联"关系。电子商铺邻近生产企业，与生产企业联系更为紧密，彼此间更容易建立合作信任关系，同时生产企业的新产品信息传递更容易；反过来，电子商务也更能将消费者需求信息及时准确地传递到生产商那里，降低了其交互的信息成本，最终有效降低其交易成本。因此，如果电子商务的发展是服务于实体经济的话，它围绕所对应制造行业的集聚，就应当受到生产行业集聚所产生的外部经济的影响。据此，我们提出第 1 个假设：

假设 1：工业集聚产生的外部经济效应有利于电子商务的集聚。

地区资源禀赋优势，将引起产业的空间集聚。马歇尔在其著作中这样描述："许多不同的原因引起了工业的地区分布；但主要原因是自然条件，如土壤和气候的性质，在附近地方的矿山和石坑，或是水陆交通的便利。"同样对于电子商务也存在"自然禀赋"，我们将互联网基础设施情况及交通物流基础设施作为自然禀赋，显然互联网基础设施好的地方、交通物流发达的地区应该更有利于电子商务的集聚。据此，我们提出第 2 个假设：

假设 2：互联网基础设施好或者交通物流环境优越有利于电子商务的集聚。

根据马歇尔的外部规模经济的经典理论以及资源禀赋对产业集聚的重要性的研究，已有不少的学者对产业的规模经济以及集聚的影响因素等进行了实证验证，具体见第二章的文献综述部分。而对于新兴的经济体电子商务的实证研究则较少，上述根据马歇尔经典理论得出的假说对于电子商务产业的空间分布是否成立，本书以下将对第三章构造的面板数据进行实证检验。

三、计量模型设定与数据说明

（一）模型设定

根据上一节对理论和文献的讨论，应该在控制交通、人力资本等因素的条件下，检验实体经济对电子商务空间分布的影响。同时，我们还可以借助面板数据来控制其他缺乏数据的个体因素。另外，为了减少模型随机项的异方差性，对部分变量取对数处理。本书的基准模型如下式：

$$lnebuss_{it} = \beta_0 + \beta_1 lntout_{it} + \beta_2 lnusers_{it} + \beta_3 lncityincome_{it}$$
$$+ \beta_4 lninf_{it} + \beta_5 roadd_{it} + \beta_6 lnavgedu_t + \mu_i + \varepsilon_{it} \qquad (5-1)$$

式（5-1）中，下标 i 表示省份编号，下标 t 表示年份编号。lnebuss 表示各省皇冠以上及天猫类别的电子商铺个数。lntout 表示电子商铺对应制造业的工业产值，是模型中主要关注的变量。在其他控制变量中，lnusers 表示各省互联网用户规模，一定程度上用来代表本地市场需求规模；lncityincome 表示人均可支配收入，代表各地区的消费水平；lninf 表示各区域互联网的基础设施水平，roadd 表示各区域的交通物流环境；lnavgedu 表示各区域的人力资本水平。u_i 表示各省的个体固定效应；ε_{it} 为随机误差项。

（二）数据来源

电子商铺个数（lnebuss），表示各地电子商务发展水平，来源于本书第三章从淘宝网获取的数据，具体为按照年度（2003～2015 年）、地区（31 个省市区）以及类别（日用、食品、服饰、数码）3 个维度进行统计汇总的电子商铺个数。

各省工业产值（lntout），来源于《中国工业经济统计年鉴》，我们收集了 2002～2014 年共计 13 年的数据。其间国家发布了 2002 年、2011 年 2 个行业分类标准，这里按照 2011 年行业分类标准，选取与电子商务相应的 9 个 2 位数制造行业，即"食品加工业""食品制造业""纺织业""纺织服装、服饰业""皮革、毛皮、羽毛及其制品和制鞋业""化学纤维制造业""非金属矿物制品业""金属制品业""计算机、通信和其他电子设备制造业",对它们进行分类调整并计算其工业总产值。

其他变量:互联网用户规模(lnusers)用各区域互联网的用户数目表示;城镇居民可支配收入(lncityincome)表示各地区的消费水平,因目前互联网用户主要集中在城镇地区,故采用城镇居民的人均可支配收入数据;互联网基础(lninf)表示各地区的互联网基础设施水平,由于无相应的统计数据,我们按照浩飞龙(2015)的方法,用各省邮政业务总收入来代替;交通物流环境(roadd)表示各地的物流交通基础设施,我们考虑目前物流主要还是以公路为主,因此采用各省公路路网密度表示,其值为各省公路里程数/各省面积;人力资本水平(lnavgedu)用各省的平均受教育年限表示,即 6 岁以上人口中各种受教育程度的人口比例乘以各种学历的教育年数表示。以上这些变量的数据分别来自于《中国信息年鉴》《中国统计年鉴》《新中国 60 年统计资料汇编》等。

(三) 变量的描述统计

表 5-1 列出了这些变量的统计结果:①从变量 lnebuss 的均值来看,东部地区(6.71)> 全国(5.06)> 中部地区(5.03)> 西部地区(3.58),说明东部地区电子商铺比较多,且远远超过东部和西部地区。②从变量 lntout 均值来看,东部地区(8.57)> 中部地区(7.57)> 全国(7.14)> 西部地区(6.08),可见我国工业生产主要集中分布在东部地区,其次是中部地区,比较落后的则是西部地区。③从变量 lnusers 的均值来看,中部地区(8.50)> 东部地区(8.21)> 全国(8.07)> 西部地区(7.67),说明中部地区人口最多,其次是东部和西部地区,这说明中部地区对电子商务的潜在需求较大。④从变量 lnavgedu 的均值来看,东部地区(2.19)> 中部地区(2.13)> 全国(2.09)> 西部地区(2.01),说明人力资本水平最高的是东部地区,其次是中部和西部地区。⑤其他控制变量如 lninf(互联网基础),依然是东部地区(0.36)最高,西部地区(0.2136)稍微高出中部地区(0.2126)一些,说明中西部地区当前在互联网基础设施上差异不大;而 roadd(物流交通环境),依然是东部地区(0.38)交通条件最好,其次是中部地区(0.16),最差的是西部地区(0.05),从数据上来看,东西部地区之间的差距还是比较大的。

表 5-1 变量的描述统计

变量	全国					东部				
	样本数	均值	标准差	最小值	最大值	样本数	均值	标准差	最小值	最大值
lnebuss	403	5.0630	2.6796	0.0000	10.4959	143	6.7100	2.5423	0.0000	10.4959
lntout	465	7.1448	1.8641	1.3324	10.8196	143	8.5743	1.4499	4.2708	10.8196
lnusers	496	8.0681	0.8668	5.5530	9.2918	154	8.2102	0.8140	6.6884	9.2918
lninf	434	0.2640	0.1901	0.0112	0.7586	154	0.3562	0.2136	0.0299	0.7586
roadd	496	0.1782	0.2620	0.0000	1.6417	154	0.3765	0.3719	0.0287	1.6417
lnavgedu	465	2.0875	0.1704	1.0986	2.4874	143	2.1945	0.1134	2.0096	2.4874
	中部					西部				
lnebuss	104	5.0276	2.1915	0.0000	8.1981	156	3.5769	2.1872	0.0000	8.0433
lntout	104	7.5731	1.2114	5.1784	10.1203	156	6.0791	1.6190	1.9601	9.4440
lnusers	112	8.5023	0.3770	7.9006	9.1816	168	7.6686	0.9605	5.5910	9.0134
lninf	112	0.2126	0.1498	0.0174	0.5390	168	0.2136	0.1575	0.0112	0.5408
roadd	112	0.1567	0.1100	0.0168	0.4762	168	0.0491	0.0692	0.0000	0.3973
lnavgedu	104	2.1331	0.0686	1.9445	2.2492	156	2.0070	0.1827	1.3191	2.2279

四、实证分析

（一）面板数据的平稳性检验

下面我们分别采用 LLC、IPS、ADF-Fisher、PP-Fisher 四种检验方法对模型中的变量进行面板单位根检验，结果如表 5-2 所示。其中，各省工业产值（lntout）、互联网用户数（lnusers）和人均受教育水平（lnavgedu）这三个变量通过以上四种方法的检验，均拒绝有单位根的原假设，故这三个变量是平稳序列，在模型中可直接使用，没有采用其差分形式；而各省店铺数（lnebuss）、人均可支配收入（lncityincome）、互联网基础设施

（lninf）、交通物流环境（roadd），通过检验均为非平稳序列，但一阶差分序列均具有较高的统计显著水平，另外我们将 OLS 回归、固定效应回归与一阶差分回归结果对比，发现我们自变量 lntout 的统计显著性没有明显的差异，说明虽然有部分变量不平稳，但是其对我们的回归结果影响不大，因此认为可以采用面板数据对模型进行回归分析。

表 5-2　变量的平稳性检验

变量	LLC	IPS	Fisher-ADF	Fisher-PP	(c, t, p)
lnebuss	12.008 (1.0000)	−0.5853 (0.2792)	11.0501*** (0.0000)	−11.0501*** (0.0000)	(1, 1, 4)
lntout	−11.1096*** (0.0000)	−2.9658*** (0.0015)	10.0033*** (0.0000)	7.1908*** (0.0000)	(1, 1, 1)
lnusers	−7.8037*** (0.0000)	−2.3737*** (0.0088)	6.2136*** (0.0000)	23.1781*** (0.0000)	(1, 1, 1)
lncityincome	−3.6210*** (0.0001)	2.1000 (0.9821)	−1.9295 (0.9732)	0.2085 (0.4174)	(1, 1, 1)
lninf	1.4692*** (0.9291)	4.2460 (1.0000)	3.5594 (0.0002)	−2.8213 (0.9976)	(1, 1, 1)
roadd	−4.2609*** (0.0000)	2.6659 (0.9962)	−2.8914 (0.9981)	−3.5712 (0.9998)	(1, 1, 1)
lnavgedu	−6.7422*** (0.0000)	−3.6523*** (0.0001)	13.9642*** (0.0000)	12.1617*** (0.0000)	(1, 1, 1)
Δlnebuss	−100.00*** (0.0000)	−1.8490*** (0.0322)	10.0426*** (0.0000)	115.2446*** (0.0000)	(0, 0, 4)
Δlncityincome	−4.9084*** (0.0000)	−1.8939*** (0.0291)	1.8982*** (0.0288)	14.0726*** (0.0000)	(0, 0, 1)
Δlninf	−7.6752*** (0.0000)	−3.7961*** (0.0000)	5.3297*** (0.0000)	16.0889*** (0.0000)	(0, 0, 1)
Δroadd	−7.5554*** (0.0000)	−3.8564*** (0.0001)	13.9539*** (0.0000)	15.8747*** (0.0000)	(0, 0, 1)

　　注：（c, t, p）中 c=0，表示不带常数项，c=1 代表带常数项；t=1 表示带趋势项；p 表示滞后期数，本书根据 AIC 准则确定各变量的滞后期数，从而进行单位根检验。

（二）计量方法与内生性检验

首先，进行混合模型回归以及个体固定效应模型（FE）回归的检验，因个体固定效应模型的 F 检验很显著，因此我们认为个体固定效应模型要优于混合模型回归，即模型中各省份有不同的个体效应 u_i；其次，考虑到面板数据包含有时间效应，因此在模型中引入年度虚拟变量，再对其进行回归，发现模型通过了 F 检验，故认为该模型应该包含时间变量；最后，进一步进行随机效应回归检验，并与固定效应回归结果进行豪斯曼检验，拒绝随机效应的原假设，故认为固定效应模型要优于随机效应模型。根据以上分析，我们首先直接用原数据（未做平稳性处理的数据）建立 31 个省市区的面板个体时间固定效应模型进行估计。另外，根据数据的平稳性检验，这些变量经过一阶差分后都为平稳序列，因此，为了与原数据做的结果进行对比，我们又对模型做了一阶差分的回归检验。一般认为，对于平稳情况下的估计，固定效应（FE）比一阶差分（FD）更有效，这里为了进一步消除非平稳的可能影响，故也做了 FD 估计。如果平稳数据的一阶差分回归结果与非平稳的固定效应回归结果一致，那么可以进一步说明我们的结果不存在伪回归问题。

另外，若解释变量存在内生性问题，则会导致估计结果有偏、不一致，因此，模型的内生性问题也是必须要考虑的。虽然个体时间固定效应模型（FE）能有效地削弱因遗漏变量所引起的内生性问题，但是，若模型中的因变量与自变量之间存在逆向因果关系也会导致内生性。本模型中自变量工业产值与因变量电子商务之间就存在着相互的因果关系，即工业制造业带动了电子商务的发展；反过来，电子商务的发展也进一步促进了制造业的发展，故模型中的自变量工业产值（lntout）很可能为内生解释变量。异方差稳健的 DWH 检验（ $p = 0.0013$ ），强烈拒绝 lntout 为外生变量，说明 lntout 确实有内生性问题，在估计时需要为其寻找合适的工具变量来解决。

工具变量的选取标准是与代理变量高度相关，与随机误差项不相关。另外，选取的工具变量是否合适，还需要做以下四个检验：解释变量是否内生性检验、不可识别检验（即工具变量与解释变量是否相关的检验）、工具变量是否为弱工具变量的检验以及是否过度识别的检验。四个检验都通过才认为其为合适的工具变量。如前所述，电子商务主要对应的是 9 个 2 位数制造行业，所以，电子商务对制造业的反向因果短期内应该主要是作用于这些行业，这意味着我们可以选取它们之外的其他制造行业产值的滞后一期值作为制造业产值（lntout）的工具变量。它一方面对于当期的电子商务具有外生性，另一方面通过上下游行业间的外溢效应与当期的制造业产值发生较强的相关性。工具变量的具体计算方法为：从统计年鉴上计算各省所有 28 个制造业的工业产值（以 2000 年工业产值为基期），然后减去本书使用 lntout 对应的 9 个 2 位数行业的产值，并取对数，再取其滞后一期的值得到产值。最后经过检验，我们认为其他制造行业产值的滞后一期值是工业产值的一个有效可靠的工具变量。另外，对于含有工具变量的模型宜采用两阶段最小二乘法（2SLS）或者广义矩估计（GMM）。考虑到模型可能存在的异方差或自相关，本书采用条件更为宽松的 GMM 估计法：如果确实存在异方差和序列自相关，则这些问题能被有效地消除，如果不存在，则 GMM 等价于 2SLS。

（三）回归结果

1. 全国样本回归结果

全国样本回归结果如表 5-3 所示。列（1）~（4）分别为聚类稳健的 OLS、聚类稳健固定效应（FE）、聚类稳健一阶差分（FD）、异方差稳健固定效应+工具变量（FE+IV）的 GMM 估计方法进行回归的估计结果。根据上文分析，我们以 FE+IV 回归结果为基准，即列（4），而列（1）、列（2）回归结果仅作为参照对比，一阶差分的回归结果列（3）则用来考察我们的结果是否伪回归。列（4）对全部年份 2003~2014 年进行回归，工业产值在 1% 的显著性水平下对电子商务的集聚分布有显著的正影响，工业产值每增加 1%，导致电子商铺数量增加 2.343%；其他控制变量中，互联网基础、交通物流基础对我国电子商务发展有显著正影响，其每提高 1% 将使该地区网商数量分别增加 1.564% 和 1.055%；人均可支配收入在 10% 显著性水平下有显著负影响；而互联网用户规模则不显著。由以上结论可知，互联网基础与人均可支配收入对地区电子商务发展影响并不十分的显著，这恰恰符合电子商务跨越地区市场的特征，也是其与实体零售的显著区别。而人力资本水平则在 1% 的显著性水平下有显著的负影响，即电子商务发展水平高的地方,并不是受教育水平或人力资本水平高的地方。这说明在我国电子商务的发展历程中,高素质人才或许不起决定作用,而中端及低端劳动力起主要作用①。究其原因,一方面随着电子商务技术的扩散以及越来越多的人网上购物(据统计,2010 年网上零售市场交易规模达 5131 亿元,同比增长 97.3%,较 2009 年近翻一番,约占全年社会商品零售总额的 3%),降低了从事网络销售的技术门槛,促使更多低学历的社会人员(比如传统实体小店铺店主同时经营网络店铺)进入电子商务这一行业;另一方面随着电子商务对人们的影响越来越多,需要客服人员、快递相关人员也越来越多,而这部分人并不要求具有较高的学历。

表 5-3 全国 31 省份电子商铺空间分布影响因素估计

变量	(1) OLS (2003~ 2014 年)	(2) FE (2003~ 2014 年)	(3) FD (2003~ 2014 年)	(4) FE+IV (2003~ 2014 年)	(5) FE+IV (2003~ 2014 年)	(6) FE+IV (2003~ 2012 年)
lntout	0.321 *** (0.0902)	0.631 *** (0.203)	1.128 *** (0.217)	2.343 *** (0.503)	2.138 *** (0.473)	3.651 *** (0.996)
lninf	0.627 *** (0.0895)	0.810 *** (0.152)	−0.207 * (0.112)	1.564 *** (0.291)	2.625 *** (0.422)	2.185 *** (0.527)
lnusers	0.187 (0.126)	0.310 (0.211)	0.367 ** (0.162)	−0.083 (0.260)	0.393 (0.297)	−0.781 ** (0.380)
lncityincome	2.815 *** (0.164)	1.231 * (0.674)	2.122 *** (0.391)	−1.608 * (0.915)	−0.815 (0.369)	−2.815 (1.891)
roadd	0.231 * (0.114)	1.616 *** (0.195)	0.105 *** (0.106)	1.055 *** (0.292)	0.181 (0.378)	0.603 * (0.350)
lnavgedu	−1.617 *** (0.456)	−5.595 *** (1.820)	−2.927 ** (1.641)	−5.462 *** (1.641)	−5.621 *** (1.568)	−2.063 (2.201)

---

① 为了进一步检验我们的猜想,我们将大专及以上人口放入到模型中,发现其表现为显著负相关,与我们的预期一致。

续表

变量	（1） OLS （2003~ 2014年）	（2） FE （2003~ 2014年）	（3） FD （2003~ 2014年）	（4） FE+IV （2003~ 2014年）	（5） FE+IV （2003~ 2014年）	（6） FE+IV （2003~ 2012年）
bf2009lntout	—	—	—	—	0.260*** （0.0575）	—
Constant	−24.17*** （1.744）	−3.306 （3.574）	—	—	—	—
Observations	372	372	341	372	372	310
R-squared	0.911	0.894	0.588	0.855	0.801	0.820
Number of scode	31	31	31	31	31	31

注：括号内数值表示（稳健）标准差，***、**、*表示在1%、5%、10%水平上显著。

　　另外，根据图5-2可知，电子商铺的发展在2009年前后发生明显的波动，故我们引入虚拟变量bf2009：2009年之前其值为1，2009年之后其值为0，然后将其和工业产值交叉得到bf2009lntout，引入到模型中，来进一步考察全国范围内工业集聚对电子商铺集聚的影响，如列（5）所示。一方面我们考察2009年前后政策以及外围经济的变化对工业集聚和电子商铺的集聚关系是否有明显的影响，另一方面我们也考察2009年前后工业集聚对电子商铺集聚哪一个阶段影响效应大。列（5）的回归结果显示，工业产值lntout以及交叉项bf2009lntout在1%的显著性水平下对网商的集聚均有显著的正影响，在2009年之后，所在省工业产值每增加1%，其网商数量将增加2.138%，而在此之前，工业产值每增加1%，导致网商数量增加2.398%（2.138%+0.260%）。由此说明随着电子商务的不断发展，工业集聚对电子商务的影响效应逐渐变弱。这或许是我国不断发生的产业转移政策所致，如图5-2所示，全国工业集聚度是呈下降趋势的。在其他控制变量中，人均可支配收入、交通物流环境、人力资本水平均在1%的显著性水平下对网商集聚有显著的正影响，而各省互联网人数、互联网基础对网商集聚并不显著，则可能与电子商务的新兴特性——无空间限制有关，不管消费者在何处，只要有网络就可以进行电子商务的交易活动，而与本地的互联网用户规模或者是基础设施关系不大。

如第三章所述，本书的电商样本并不包含每年新注册的所有店铺，而仅为淘宝成立之初一直存活到采样时的店铺（关闭半年以上的店铺通过淘宝平台基本抓取不到），这样，近年的样本会比早期的样本多包含那些只存活了较短时间的店铺，从而可能扭曲回归结果。考虑到存在了 3 年以上的店铺都是比较稳定的，我们进一步选择样本期为 2003～2012 年进行回归，以排除存活期在 3 年以下的样本，这时，前述扭曲应该是较弱的。列（6）报告了相应的回归结果。它表明，工业集聚在 1% 的显著性水平下仍对电子商务的集聚有显著的正影响，工业产值每增加 1%，导致电子商铺数量增加 3.651%。同时，这个值明显比 2003～2014 年的全样本结果要大，与列（5）所述 2009 年之前系数比之后大体一致，原因也基本类同，不再赘述。至于其他控制变量，互联网基础在 1% 显著性水平下有显著正影响，交通物流环境在 10% 的显著性水平下有显著的正影响，其他因素则不显著。

2. 东部地区回归结果

由于我国工业主要集聚在东部地区，为了进一步考察工业集聚对电子商务空间集聚分布的影响，我们对东部 11 省子样本进行回归分析。针对东部地区，我们首先进行聚类稳健的固定效应回归，结果如表 5-4 的列（1）所示。其次，与全国样本类似，考虑内生性，引入其他产业滞后一期的产值做工具变量，分别对其全样本（2003～2014 年）、2009 年前后两个阶段以及 2003～2012 年样本（存活 3 年期以上店铺数）进行回归，回归结果对应表 5-4 中的列（2）～（4）。

表 5-4　东部 11 省电子商铺影响因素分析

变量	（1）	（2）	（3）	（4）
	FE （2003～2014 年）	FE+IV （2003～2014 年）	FE+IV （2003～2014 年）	FE+IV （2003～2012 年）
lntout	1.738 *** （0.225）	3.525 *** （1.030）	2.551 *** （0.943）	4.368 *** （1.423）
lninf	0.877 *** （0.233）	1.653 *** （0.534）	2.120 *** （0.578）	2.347 ** （0.875）

续表

变量	（1） FE （2003~2014 年）	（2） FE+IV （2003~2014 年）	（3） FE+IV （2003~2014 年）	（4） FE+IV （2003~2012 年）
lnusers	0.320 （0.531）	−0.672 （0.727）	0.0704 （0.749）	−1.404 （0.877）
lncityincome	−0.0222 （0.980）	−1.209 （1.141）	0.00156 （1.070）	−1.624 （1.758）
roadd	1.868 *** （0.463）	1.104 ** （0.553）	0.774 （0.557）	0.580 （0.707）
lnavgedu	−6.025 ** （2.071）	−7.984 *** （2.729）	−6.468 ** （2.950）	−4.252 （2.945）
bf2009lntout	—	—	0.208 *** （0.0658）	—
Constant	−0.629 （5.832）	—	—	—
Observations	132	132	132	110
R−squared	0.907	0.885	0.850	0.890
Number of scode	11	11	11	11

注：括号内数值表示（稳健）标准差，*** 、** 、* 表示在 1%、5%、10%水平上显著。

如列（2）所示，我们发现工业产值在 1%的显著性水平下对电子商铺数有正向影响，工业产值每增加 1%，导致电子商铺数量增加 3.525%。从系数来看，东部工业产值对电子商铺数量影响相比全国其效应更大，再一次证明工业集聚是影响电子商务发展的关键因素。至于其他控制变量，互联网基础、交通物流环境的正向影响达到 1%显著，人力资本水平的影响则在 1%的显著性水平为负，人均可支配收入在 10%水平下有显著负影响，而互联网用户规模、人均可支配收入则不显著，与全国的回归一致。列（3）中工业产值（lntout）以及交叉项 bf2009lntout 在 1%的显著性水平下对电子商铺数均有显著的正影响：在 2009 年之前，东部工业产值每提高

1%，其电子商铺的数量将增加 2.769%（2.551%+0.208%），大于全国回归结果中的 2.398%；2009 年之后，东部工业产值每提高 1%，其电子商铺的数量将增加 2.551%，也大于全国的 2.138%。至于其他控制变量，互联网基础在 1% 显著性水平下有显著正影响、人力资本水平在 5% 显著性水平下有显著的负影响，而互联网用户规模、人均可支配收入、交通物流环境则不显著。类似地，对于 2003~2012 年样本，列（4）表明，工业产值在 1% 的显著性水平下对电子商铺数有显著的正影响，工业产值每增加 1%，导致电子商铺数量增加 4.368%，大于全国样本的影响。这个值大于东部 2003~2014 年样本的估计结果，说明对于东部地区其工业集聚对电子商务的发展也呈现影响效应变弱的倾向。其他控制变量中，互联网基础在 5% 显著性水平下有显著的正影响，每提高 1% 将使该地区电子商铺数量增加 2.347%，而互联网用户规模、人均可支配收入、交通物流环境则不显著。

五、小结

本章定量考察了电子商务与相应制造业的空间分布，发现电子商务的集聚分布与地区工业的集聚发展可能有较大的关系，这和集聚理论中的外部规模经济相一致。基于本书构建的电商面板数据，本章通过回归分析，对这一关系进行了严格的检验，并估计了制造业、互联网、交通物流等因素对各地电子商务发展的影响，从而有助于理解我国电子商务空间分布的现状。

以下是回归分析的主要发现：

（1）工业集聚是我国电子商铺集聚发展的主要决定因素，工业集聚程度越高，对其电子商务发展的影响越大。这一关系无论是对全国还是对经济基础较好的东部地区都成立，但近年来随着电子商务的发展以及实体制造业的产业转移，它的作用有逐渐变弱的倾向。

（2）互联网用户规模、人均可支配收入这两个决定本地市场需求量的因素，对地区电子商务发展影响并不显著，这恰恰符合电子商务跨越距离空间的特征，也是其与实体零售的显著区别，即说明本地市场需求效应在电子商务这一新销售模式下，对电子商务集聚的作用不明显。这有别于新经济地理学的现有假说，也与文献中对电子商务的简单考察所作结论不同，但与电子商务的特征恰恰是相符的。基于电子商务购物平台的网购活动，打破了传统距离与空间的限制，每个电子商铺面对的都有可能是全国乃至全球市场，本地市场需求效应对其影响不显著，因此是合理的。

（3）互联网信息基础、交通物流环境对我国电子商铺的集聚发展起显著的影响作用，这两个因素的发展水平越高，就越有利于当地电子商务的发展。

（4）与文献中常见的经验观察不同，控制其他因素下的回归结果显示，地区人力资本水平与电子商务发展呈负相关关系。这意味着，电子商务尽管是一种新经济，但它的技术要求主要是针对电子商务平台的，并不要求电子商务从业人员掌握更多的技术，普通劳动者仅仅需要稍加摸索就可胜任。因此，现阶段电子商务的发展并不一定都需要较高的人力资本水平来支撑。

电子商务对制造业
增长趋同的影响

改革开放以来，虽然我国经济总量增长速度较快，但各区域经济发展差距却越来越大，对我国经济的持续稳定协调发展产生了较大的影响。因此，研究如何缩小我国区域经济发展差距具有重要的现实意义。按照新古典经济收敛理论，经济落后地区的资本的边际收益较高，经济增长得就会较快，而经济发达地区的经济增长得较慢，这样最终会实现各区域经济的趋同。而近年新兴的电子商务技术凭借其独有特点，能大六降低地区间的交易成本，扩大了产品的销售范围，在一定程度上打破了新经济地理学所谓的"本地市场效应"，促进市场一体化，从而可能削弱地理空间上的经济集聚，缩小地区间的经济差距。不过，电子商务作为一个产业又可能具有规模经济，并与其他部门间存在较强的外溢关系，从而也可能强化原有的经济差距。可见，电子商务对我国传统经济格局产生的冲击也是不确定的，那么电子商务到底是促进了区域经济的趋同还是拉大了区域经济的差距，目前学术界尚未有定论。因此有必要进一步实证检验电子商务对我国各区域实体经济格局产生的影响，同时也可以对我国当前实施的"电商扶贫"政策提供一定的参考依据。电子商务本身在经济总量中的比重仍属有限，因此本章并未直接研究电子商务对区域经济趋同的影响，而是结合电子商务在我国对经济的传导路径——电子商务最先影响到日用消费品制造行业，然后扩展到整个制造业，最后基本渗透到整个经济，按照这一路径来识别电子商务对制造业增长趋同的影响。此外，为了与现有经济趋同研究保持一致同时也检验我们研究的稳健性，我们进一步将电子商务扩展到对整个地区经济趋同影响的研究。

本章以下内容首先考察了不同区域受电子商务技术直接影响的日用消费品制造业、制造业整体和整个区域经济这三个层面的经济趋同现象；其次介绍了已有的经济趋同的理论与经验研究；最后根据经济趋同理论提出了电子商务影响经济趋同的两个假说，进一步构造了相应的计量模型，实证检验了我们的假说。

一、经济增长趋同的现状

为了考察电子商务技术对我国制造业及各区域经济增长趋同的影响，有必要先了解经济趋同的现状。文献中对经济趋同的考察主要是基于GDP，但电子商务并不直接作用于GDP，所以，不妨根据各经济部门与电子商务关系的密切程度，从受电子商务技术直接影响的日用消费品制造业、整体制造业和GDP这三个层面来进行考察，具体采用的指标为日用消费品制造业的人均产值、全部制造业的人均产值和人均GDP。其中，日用消费品制造业如第五章所述，选择与网络销售关系较密切的9个2位数行业。日用消费品制造业及全部制造业的产值均以2000年的产品出厂价格指数为基期进行修正，得到以2000年为基期的实际产值。GDP是以各区域历年GDP的数据为基础，用以2000年为基期的CPI指数调整为不变价格表示。以上数据均来源于《中国统计年鉴》和《中国工业统计年鉴》。

此处选取2000~2015年我国31省市区的面板数据进行分析。为了避免短期异常波动情况的发生，增长率的计算我们并没有采用ln（当年值/上年值）的做法，而是借鉴许召元（2006）、郭庆旺（2006）等的跨多期计算方法。本书衡量日用消费品制造业、全体制造业以及地区经济（用GDP表示）增长率的时间跨度均设为4年，形成2000~2003年、2003~2006年、2006~2009年、2009~2012年、2012~2015年共计5个时间段，计算各区域日用消费品制造业人均产值、全体制造业人均产值、人均GDP的年增长率，计算方法为所在时间段的ln（期初值/期末值）/T，其中ln表示取对数，T为间隔年份，本书T为3。

（一）经济增长率变动趋势

图 6-1（a）、（b）、（c）显示了我国不同省份不同阶段的日用消费品制造业、全体制造业和 GDP 的人均增长率趋势图。由于我国省份较多，为方便显示，这里选择东部、中部、西部等不同区域具有代表性的 7 个省份作为代表画出。从图 6-1 中我们发现日用消费品制造业、全体制造业和 GDP 这三类指标人均增长率的趋势基本一致，从 2000 年到 2006 年基本上都呈现上升趋势，之后中间个别阶段虽有波动，但总体上还是呈现下降趋势。至于地区间的差距，从分类指标来看：①从图 6-1（a）日用消费品制造业的人均增长率趋势图来看，中部地区的河南和西部地区的新疆、云南等区域的增长率是一直比较高的，而东部地区的浙江、广东等区域的增长率比较低，北京地区的增长率则是最低的。②从图 6-1（b）全体制造业的人均增长率趋势图来看，经济发展较为落后的河南、新疆、辽宁和云南等区域的人均增长率一直比较高，而经济发展水平较高的北京、浙江和广东的人均增长率则一直较低。③从图 6-1（c）各区域 GDP 的人均增长率趋势图来看，依然是新疆、河南和辽宁的增长率基本都处于高位，而北京、浙江和广东等区域的人均增长率则一直较低。通过以上分析，我国的经济发展不论是从日用消费品制造业或者是从总体制造业以及 GDP 的人均增长率来看，均呈现出经济落后地区的增长率较高，而经济发达地区的增长率则较低，各区域整体经济增长趋势不仅表现基本一致，而且也表现出趋同的趋势。

（二）经济增长趋同分析

在图 6-2 中，我们分别绘制了我国 31 个省市区在 5 个时段全体制造业人均增长率与其初始值、人均 GDP 增长率与其初始值的散点图。从 6-2（a）、（b）两幅图中我们可以发现：①制造业人均增长率与其初始值、人均 GDP 增长率与其初始值都呈现负相关关系，说明初始值大的省份经济增长率较低，而初始值小的省份经济增长率较高，这样不同区域的经济增长有一个趋同的趋势，最终会达到一个相对平稳的收敛状态。②全体制造业人均增长率的斜率大于人均 GDP 的斜率，这说明我国各不同省市区制造业的趋同速度要大于人均 GDP 的趋同速度。

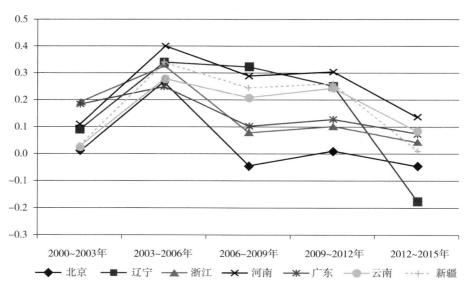

图 6-1（a） 日用消费品制造业部分省份人均增长率变动趋势

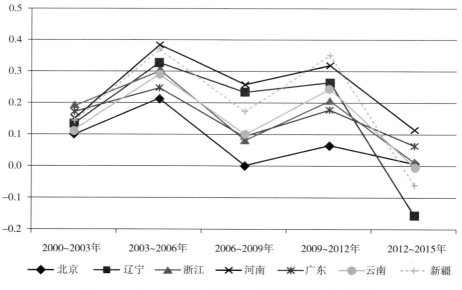

图 6-1（b） 全体制造业部分省份人均增长率变动趋势

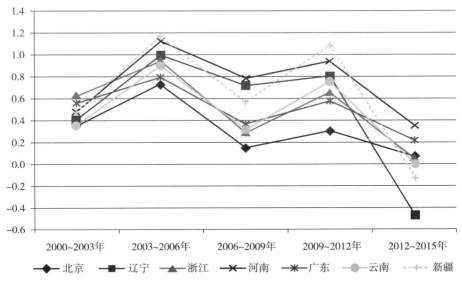

图 6-1 （c） 人均 GDP 部分省份增长率趋势

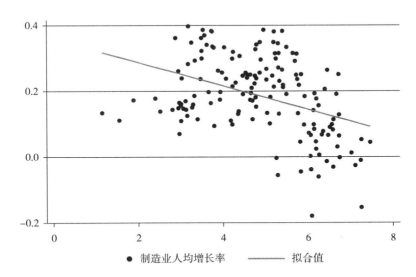

图 6-2 （a） 制造业人均增长率与初始值散点图

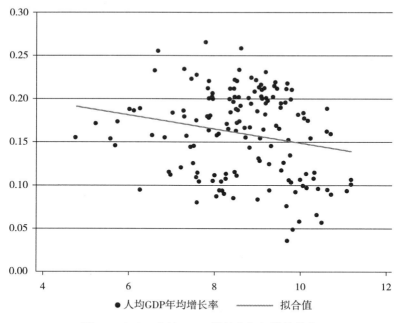

图 6-2（b） 人均 GDP 增长率与初始值散点

（三）经济增长的空间相关性

为进一步分析我国各区域经济增长的空间相关性，我们计算了我国 31 个省份在上述 5 个时间段对应增长率对数的全局莫兰指数，如图 6-3 所示。计算过程中的空间权重矩阵采用省份是否相邻构成的 0~1 矩阵，之所以选择 0~1 相邻矩阵，没有选择空间距离倒数等构成的矩阵，主要是从地方政绩考虑，经济增长率更可能受到相邻省份的影响。从图 6-3 可看出：①各区域的日用消费品制造业、全体制造业和 GDP 的人均增长率，这三个指标历年的莫兰指数均为正值，且都在 1% 的显著性水平下通过检验，表明我国各区域经济发展存在显著的空间正相关性，即区域经济发展的分布表现为经济高—高或者经济低—低的集聚性。②从数值上来看，在 2000~2015 年的研究区间内，日用消费品制造业人均增长率的莫兰指数均值为 0.32、全体制造业人均增长率的莫兰指数均值为 0.28、GDP 人均增长率的莫兰指数均值为 0.25，这几个值都比较大，说明各区域的经济发展呈现出较强的空间相关性，并且日用消费品制造业的空间相关性最大，其次是全体制造业，最后是各区域的 GDP 发展水平。③从趋势上来看，日用消费品制造业和全体制造业的全局莫兰指数整体上随时间呈现上升趋势，说明日用消费品制造业和全体制造业的空间相互影响在逐步加强。而人均 GDP 增长率的全局莫兰指数呈现下降趋势，说明各区域的经济增长相关性在变弱，原因可能是人均 GDP 包含的内容更为广泛，在反映区域经济增长空间相关性上可能不是太敏感。

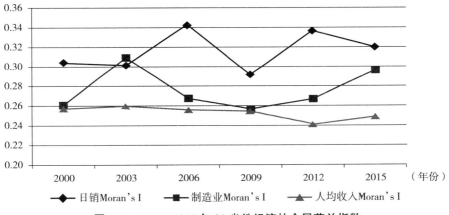

图 6-3　2000~2015 年 31 省份经济的全局莫兰指数

为了进一步分析制造业的空间相关性，我们画出各区域全体制造业的莫兰指数散点图进行观察，由于制造业的空间相关性表现出一定的稳定性，没必要绘出每一年的散点图，故只选择较初期的 2006 年与较晚期 2015 年的 31 个省市区制造业的莫兰指数散点图，如图 6-4 所示。图中第一象限表示高—高集聚，即制造业产值较高的省市区其周围制造业产值也较高，即产值较高的省市区之间存在高空间相关（滞后）性，这些省市区主要是分布在中东部地区，包括江苏、上海、山东、浙江、福建、河南、河北、辽宁、湖北、湖南、北京、天津、安徽、江西等。第二象限表示低—高集聚，即制造业产值较低的省市区被产值较高的省市区所包围，如海南和广西这两个省区具有典型的特征。第三象限表示低—低集聚，表明制造业产值较低的省市区其周围省市区产值也较低，说明产值较低的省市区之间存在低空间相关（滞后）性，这些省市区主要为我国西部省地区，包括：陕西、重庆、新疆、贵州、云南、甘肃、宁夏、青海、西藏等。第四象限表示高—低集聚，表示制造业高产值省市区被低产值省市区包围，主要有广东和四川两个省市区。另外吉林、黑龙江、内蒙古这 3 个省区分别位于原点附近，表现出非典型的空间特征。

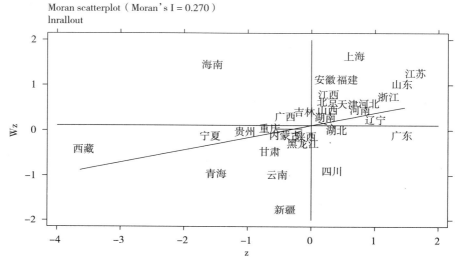

图 6-4（a） 我国各省市区制造业 2006 产值莫兰散点图

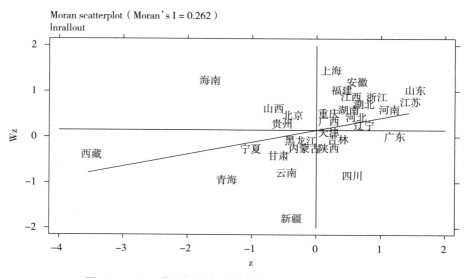

图 6-4（b） 我国各省市区制造业 2015 产值莫兰散点图

二、相关假说与研究方法

（一）相关假说

经济增长趋同的理论概念是指对于一个有效经济范围内的不同区域经济体而言，初期的经济发展水平与其经济增长速度指标之间存在着负相关的关系，因此呈现出落后地区具有比发达地区更高的增长率，从而导致静态指标差异随着时间的推移而逐渐缩小以至于消失的过程。后来学者们根据趋同性存在的范围，进一步定义了趋同的概念：σ趋同和β趋同。其中β趋同又分为三种趋同：绝对趋同、条件趋同以及俱乐部趋同。

（1）σ趋同。σ趋同指的是区域之间的相对人均收入水平或增长率随时间的推移而减小的趋势，这是关于人均收入水平和增长率分布离散程度的一个概念，一般用国家或地区间人均收入或人均产出对数的标准差来衡量，由于它强调了人均收入本身的指标，而且多用横截面数据来研究，因而非常接近于现实中对于区域经济增长趋同的理解。

（2）绝对趋同。绝对趋同也称非条件趋同，假定对于相关国家或地区而言具有完全一致的初始条件，即技术、制度、偏好、文化等经济特征是一样的，这样它们会具有共同的增长路径和增长稳态，在边际递减条件下，人均量上贫穷经济体趋于比富裕经济体增长更快的假设，而这一点在现实中很难存在。

（3）条件趋同。条件趋同指的是不同区域之间可能具有不同的技术、制度、文化、偏好等经济特征，从而具有不同的经济增长路径和经济稳态。在模型中通过控制影响稳态位置的上述特征的变量，比如人口增长率、劳动参与率、储蓄率、投资率、折旧率等，这些区域之间表现出明显的趋同性。初始收入水平是否与其经济增长率呈负相关关系，即经济体距其稳态距离越远，则具有越快的增长水平。

（4）俱乐部趋同。俱乐部趋同又称为极化趋同或聚类趋同，通常按照技术、制度、文化、偏好等特征将世界各国或一国内各区域划分为相似的国家或区域俱乐部，每个俱乐部内部各国家或区域间具有相同的经济稳态，因而各个俱乐部的成员均向各自的经济稳态趋同；而不同的俱乐部之间则具有不同的经济稳态。这种各区域内部成员分布趋同于其所在俱乐部的现象称为"俱乐部趋同"。

在区域经济增长趋同的实证研究中，早期采用 σ 趋同研究较多，后来随着计量方法的发展更多学者采用 β 趋同进行研究，近年来随着空间计量方法的发展，俱乐部趋同的研究也逐渐增多起来。σ 趋同中的 σ 代表标准差，其经济含义一般用地区人均收入的离散程度即地区差距来代表，具体计算方法对人均收入取对数后，然后计算其标准差，标准差越小表明越趋同。β 趋同中的 β 表示趋同速度，以年均经济增长率为被解释变量，以初始人均收入为解释变量（根据需要也可以引入其他经济变量），进行回归所得的回归系数。β 趋同是 σ 趋同的必要非充分条件。

研究影响区域经济趋同因素的文献有很多，主要集中在研究劳动力、物质资本、人力资本、市场化程度、对外开放程度、产业结构、外商投资、储蓄率、国际贸易、制度、地理位置、技术等因素对经济收敛的影响。其中技术因素研究中，Lin 和 Tan（1999）、舒元和徐现祥（2002）、林毅夫等（2002）、林毅夫和张鹏飞（2006）等都指出技术引进是我国经济发展发挥"后发优势"的重要途径，而李光泗和徐翔（2008）则进一步实证研究了技术引进对地区经济收敛的作用。

目前已有研究中，虽然部分文献也考虑了包括互联网在内的技术因素，但通常只是简单的以时间因素代替，并不能真正识别出新兴技术的作用，本书具体地将电子商务技术纳入其中，实证研究这种新兴技术对区域经济增长趋同的影响。本书的实证分析首先从对日用消费品制造业增长趋同开始，其次过渡到整个制造业趋同的分析，最后拓展到整个区域经济趋同的分析，这比传统经济趋同问题的研究更加具体、更有针对性。

（二）研究方法

目前，国内外学术界对经济增长趋同进行的实证检验，主要采用横截面回归、面板数据回归、截面空间计量、面板空间计量等方法。它们都各有不足之处，具体包括：①早期大量的文献都采用横截面回归，如林光平（2005）、彭文慧（2012）等，这种方法只能对研究时段的期初和期末两个时点进行考察，忽略了整个研究期内的其他时点，因比无法对整个研究期内的经济增长过程进行考察。Bernard 和 Durlauf（1996）还提出，如果研究期内所考察的区域经济体出现多个均衡点，该方法的结果可能拒绝没有趋同的原假设。②为了避免上述问题，后续一些学者纷纷采用了面板数据回归分析方法，其优势可以控制截面异质性，从而减少因遗漏变量带来的内生偏差，另外也可以引入被解释变量的滞后变量来考察变量的动态变化过程。面板回归分析可以部分地避免横截面检验方法因参数异质性、内生性和测量误差等可能存在的结构偏差，但是没有反映出空间的相关性。而现在越来越多的研究发现，区域经济增长不是孤立的或随机分布的，区域之间存在着空间自相关，增长的空间溢出效应有可能是其重要的趋同机制，在忽略空间效应的情况下，估计和统计推断的有效性将会降低。

根据以上讨论，空间计量方法虽然在经济趋同研究中有所运用，但基本都是在截面数据中引入空间滞后或者空间误差效应。国内还很少有文献引入面板数据并考虑空间滞后和空间误差这两种效应。本书试图在这方面有所突破，采用空间面板模型进行研究，这不仅考虑了个体、时间效应，同时也考虑了空间效应，以进一步提高估计结果的一致性与有效性。

三、电子商务对制造业增长趋同的影响

（一）电子商务影响经济增长趋同的渠道

近年来，随着电子商务技术的日益完善，电子商务这种新兴的网络交易模式不仅从思想理念上改变了众多人的生活、消费、生产等观念，对目前各区域的经济发展也起到了一定的影响，概括起来主要是通过以下两种渠道来影响我国区域制造业格局的。

1. 电子商务打破本地市场效应，促进市场一体化，缩小区域间的制造业差距

电子商务的办公基础非常简单，只需要有计算机和网络就可以满足其条件，也可以说只要有一根网线就可以连接全世界。企业通过其电子商务

的网络销售平台，一方面，扩展了商品的销售模式，使交易双方不需见面，直接通过网络就可实现，缩短了交易的中间环节，使交易瞬间即可实现，大大简化、方便了商品的交易过程；另一方面，通过电子商务网络平台企业还可以展示产品、投放广告，这不仅提高了企业、商品的知名度，扩大了商品的销售范围，还使销售范围可以扩展到全世界，如目前出现的"海淘"现象便体现了电子商务这方面的便利。电子商务的这些优势扩大了商品的产销范围，不仅便利了商家与消费者，更是大大降低了交易双方的成本，在一定程度上打破了新经济地理学所谓的"本地市场效应"，突破了市场的边界，促进了市场一体化，从而可能削弱地理空间上的经济集聚，缩小地区间的制造业差距。

2. 电子商务有可能存在规模经济，拉大区域间的制造业差距

快速的发展使电子商务的规模越来越大，依据其特点也可以将电子商务看作是一个产业，它也具有传统产业集聚的特点，而电子商务产业集聚同样也会产生传统规模经济理论所分析的规模经济效应，依据我们第四章和第五章的分析，电子商务的发展受实体制造业发展的影响比较大，依托于实体经济的发展，电子商务一般会集聚分布在实体制造业发展比较好的区域，也就是电子商务与实体制造业相互之间存在着较强的外部规模经济，继而产生较强的外溢效应，从而也可能会强化原有的区域间的经济差距。从这方面的考虑来看，电子商务的发展又可能会使经济发达区域的制造业发展得更好，而使经济较差区域的制造业发展更加困难，从而拉大区域间的制造业差距。

综上所述，电子商务的发展存在两种不同方向的机制来影响区域制造业增长趋同，即电子商务对我国传统实体经济格局的影响也是不确定的。电子商务到底是促进了区域经济的收敛还是拉大了区域经济的差距，目前学术界也尚未有定论，因此有必要进一步实证检验电子商务对我国各区域实体经济格局产生的影响，同时也可以为我国当前实施的"电商扶贫"等政策提供一定的参考依据。

（二）模型设定与变量说明

参照区域经济增长趋同研究的一般思路，首先以如下绝对趋同模型作为基础模型：

$$\frac{1}{T}\ln(\frac{Y_{i,\ t+T}}{Y_{it}}) = \alpha + \beta\ln(Y_{it}) + \varepsilon_{it} \qquad (6-1)$$

其中，i 代表 31 个省市区，t = 2000 年、2003 年、2006 年、2009 年、2012 年、2015 年，T = 3。Y_{it} 代表某一层面的经济发展水平，如前文所述，分别可以第 i 省第 t 年的日用消费品制造业人均产值、全体制造业人均产值、人均 GDP 来衡量，在回归中具体用 initout 表示。$Y_{i,\ t+T}$ 则是表示第 t+T 年的经济发展水平，同样对应日用消费品制造业人均产值、全体制造业人均产值、人均 GDP 三个层面。

下面我们在（6-1）模型的基础上扩展得到条件趋同模型：

$$\begin{aligned}
\frac{1}{T}\ln(\frac{Y_{i,\ t+T}}{Y_{it}}) = {} & \alpha + \beta_1\ln(Y_{it}) + \beta_2\ln(ebuss_{i,\ t+T-1}) \\
& + \beta_3\ln(ebuss_{i,\ t+T-1}) \cdot \ln(Y_{it}) + \beta_4 fdiratio_{i,\ t+T-1} + \beta_5 edu_{i,\ t+T-1} \\
& + \beta_6 govratio_{i,\ t+T-1} + \beta_7 open_{i,\ t+T-1} + \beta_8 market_{i,\ t+T-1} \\
& + \beta_9 roadd_{i,\ t+T-1} + \beta_{10} raild_{i,\ t+T-1} + \beta_{11} rcity_{i,\ t+T-1} + \varepsilon_{it} \qquad (6-2)
\end{aligned}$$

其中，ebuss 表示各省份电子商务水平，采用第三章所述各省皇冠以上及天猫店铺数量代替；fdiratio 表示投资比，用"各省全社会投资总额/所在省 GDP"计算；edu 表示人力资本水平，计算方法参考第五章；govratio 表示政府支出比，用"各省政府一般支出总额/所在省 GDP"计算；open 表示对外开放度，用"各省进出口总额/所在省 GDP"计算；market 表示市场化程度，计算方式为"1-各省国有及国有控股企业销售值/所在省工业企业销售值"；roadd 表示公路路网密度，用"公路里程数/所在省面积"计算；raild 表示铁路路网密度，用"铁路里程数/所在省面积"计算；rcity 表示城市化水平，用"城市常住人口/常住总人口"计算。考虑到固定投资、人力资本等因素对经济增长影响存在滞后期，同时也为了减少解释变量与被解释变量之间内生性的影响，因此模型中各因素统一取其滞后一期作为解释变量。以上这些变量的数据分别来自于《中国信息年鉴》《中国统计年鉴》《新中国 60 年统计资料汇编》等。

根据前面我国经济增长的空间自相关分析，我国各省制造业产值之间存在明显的空间自相关性，因此我们考虑在模型中引入地区间的相互关系，即进行空间计量分析。常用的空间计量模型主要分成两种：一种是空间滞后模型（SAR 模型），主要是用于研究相邻区域的行为对要研究的整个区域内的其他区域的行为产生的影响。引入空间滞后，模型（6-2）的扩展形式为：

$$\frac{1}{T}\ln\left(\frac{Y_{i,t+T}}{Y_{it}}\right) = \alpha + \beta\ln(Y_{i,t}) + \lambda W\ln\left(\frac{Y_{i,t+T}}{Y_{it}}\right) + \gamma X_{i,t+T-1} + \varepsilon_{it} \quad (6\text{-}3)$$

其中，W 是 31×31 阶的空间权重矩阵，本书采用 31 省市区两两之间距离的倒数作为元素构造，表示 31 省市区之间地理位置的相互关系。$W\ln\left(\frac{Y_{i,t+T}}{Y_{it}}\right)$ 为空间滞后因变量，λ 是空间自回归系数。为了简化表达，这里用 X 表示模型（6-2）中 ebuss、fdiratio 等其他变量，γ 表示相应的参数，其他变量意义与模型（6-1）、模型（6-2）相同。

另一种是空间误差模型（SEM 模型），将空间相互依赖关系通过随机误差项来体现。这意味着在模型中，要么是对因变量 Y 有影响的遗漏变量存在空间自相关，要么是一些不可观测的随机冲击存在空间自相关。

将误差项的空间自相关表示为 $\varepsilon = \rho W\varepsilon + \mu$，代入模型（6-2），即得到对应的空间误差自相关模型：

$$\frac{1}{T}\ln\left(\frac{Y_{i,t+T}}{Y_{it}}\right) = \alpha + \beta\ln(Y_{i,t}) + \gamma X_{i,t+T-1} + (I - \rho W)^{-1}\mu \quad (6\text{-}4)$$

由于空间滞后与空间误差可能同时发生，更为一般的空间计量模型将空间滞后模型与空间误差模型结合起来，即"带空间误差项的空间自回归模型"，简称 SARAR 模型。模型（6-3）、模型（6-4）合并得到的 SARAR 模型为：

$$\frac{1}{T}\ln\left(\frac{Y_{i,t+T}}{Y_{it}}\right) = \alpha + \beta\ln(Y_{i,t}) + \lambda W\ln\left(\frac{Y_{i,t+T}}{Y_{it}}\right) + \gamma X_{i,t+T-1} + (I - \rho W)^{-1}\mu$$

$$(6\text{-}5)$$

按照 Barro（1991）提出的分析框架，$\beta = -(1 - e^{-vT})/T$，其中 v 为趋同速度，因此对应趋同速度的计算公式为：

$$v = -[\ln(1 + \beta T)]/T \quad (6\text{-}6)$$

根据上述模型（6-1）至模型（6-5）估计出系数 β 的值，然后代入模型（6-6），即可计算出趋同速度。

（三）实证分析

本模型采用面板数据进行回归分析，首先根据模型（6-1）和模型

（6-2）进行固定效应与随机效应回归计算，其次进行豪斯曼检验，检验结果p值分别为0.04、0.00，在5%和1%的水平下显著，故拒绝随机效应回归而应该采用固定效应模型分析。另外，对于面板数据，由于包含不同的个体以及个体不同期的样本，因此模型的扰动项通常存在异方差或者扰动项之间可能存在个体同期自相关。为了削弱异方差，我们首先对数据取对数处理，模型中变量前的ln即表示取自然对数。至于同期自相关问题，本书采用的面板数据为短面板且样本周期比较短，一般"面板自相关"带来的影响基本可以忽略。不过，为了使回归结果更加有效，我们还是采用通用的聚类稳健标准误估计，从而降低异方差以及自相关引起系数标准差非有效性问题。再有，面板回归通常需要检验数据的平稳性，同样由于我们数据样本周期较短，仅仅为5，而我们的截面数为31，即时间趋势对结果的影响远远小于截面的影响，故数据平稳与否对估计结果影响不大。同时，出于稳健考虑，我们对每一个估计方程都进行了截面回归（相当于令T=15），模型中系数符号与面板估计一致，进一步表明在不考虑数据平稳性的情况下，我们的回归结果有效，从而排除了伪回归的可能性。

1. 日用消费品制造业的增长趋同检验

（1）绝对收敛模型。表6-1中列（1）~（3）为绝对收敛的回归结果。其中列（1）~（2）分别对应于混合截面（OLS）和面板固定效应（FE）两种。它们表明，初始工业水平（lninitout）的系数为负，并且在1%的置信水平下统计显著，说明当前阶段我国日用品消费制造业存在增长绝对趋同。另外根据前述空间自相关分析，日用品消费制造业存在显著的空间自相关特征，如果模型中存在空间滞后效应，采用FE估计结果是有偏的；如果模型中存在空间误差效应，估计参数则不是最有效的，因此我们有必要采用引入空间特征进一步估计。这里采用空间面板自相关模型并用极大似然法（ML）进行估计，回归结果如列（3）所示。其中，初始工业水平系数为负，在1%水平下显著。同时，空间误差以及滞后效应均在1%水平下显著，这意味着列（3）的估计结果比列（2）的估计结果更有效。综合列（1）~（3）估计结果，我国在2000~2015年日用消费品制造业存在明显的绝对区域增长趋同特征，其绝对趋同速度约为3.41%。

表 6-1　2000~2015 年我国 31 省份日常消费制造行业区域增长条件收敛回归结果

变量	绝对收敛			条件收敛			
	（1）	（2）	（3）	（4）	（5）	（6）	（7）
	OLS	FE	SAC	OLS	FE	SAC	FE
lninitout	−0.0305 ***	−0.0368 ***	−0.0324 ***	−0.127 ***	−0.255 ***	−0.145 ***	−0.155 ***
	（0.0053）	（0.0072）	（0.0124）	（0.0277）	（0.0285）	（0.0241）	（0.0366）
lnebuss	—	—	—	0.0259 ***	0.0264 ***	0.0086 **	0.0837 ***
				（0.0070）	（0.0080）	（0.0046）	（0.0153）
lninitout×lnebuss	—	—	—	—	—	—	−0.0154 ***
							（0.0032）
fdiratio	—	—	—	0.176 *	0.0103	0.0218	−0.0388
				（0.0874）	（0.131）	（0.0616）	（0.100）
edu	—	—	—	0.321	0.435	0.0451	1.252 **
				（0.435）	（0.615）	（0.342）	（0.533）
govratio	—	—	—	−0.232 ***	0.190 *	0.301 ***	−0.197 *
				（0.0578）	（0.111）	（0.0985）	（0.0975）
open	—	—	—	0.0491	0.0955	−0.115 *	0.113
				（0.0367）	（0.0893）	（0.0679）	（0.0706）
market	—	—	—	0.280 *	0.749 ***	0.582 ***	0.403 *
				（0.143）	（0.206）	（0.129）	（0.205）
roadd	—	—	—	−0.0484	0.0168	0.0071	0.0639
				（0.0308）	（0.0505）	（0.0411）	（0.0452）
raild	—	—	—	−0.0957	−0.699 **	−0.444 *	−0.232
				（0.127）	（0.321）	（0.233）	（0.244）
rcity	—	—	—	0.0007	0.0183 **	0.0124 ***	0.0105
				（0.0017）	（0.0070）	（0.0045）	（0.0063）
ρ	—	—	−0.171 ***	—	—	0.144 ***	—
			（0.0318）			（0.0126）	

续表

变量	绝对收敛			条件收敛			
	（1）	（2）	（3）	（4）	（5）	（6）	（7）
	OLS	FE	SAC	OLS	FE	SAC	FE
λ	—	—	0. 170 *** （0. 0047）			−0. 179 *** （0. 0400）	—
σ²	—	—	0. 0077 *** （0. 0009）			0. 0056 *** （0. 0008）	—
Constant	0. 300 *** （0. 0202）	0. 323 *** （0. 0262）	—	0. 257 *** （0. 0796）	−0. 359 （0. 249）	—	−0. 304 （0. 206）
Observations	155	155	155	155	155	155	155
R−squared	0. 102	0. 090	0. 076	0. 321	0. 506	0. 606	0. 601
Number of id	—	31	31	—	31	31	31

注：括号内为稳健标准差，*** p<0.01，** p<0.05，* p<0.1。

　　（2）条件收敛模型。我们在绝对收敛的基础上引入影响区域经济增长的其他因素：各省的电子商务发展水平（lnebuss）、投资率（fdiratio）、人力资本（edu）、政府行为（govratio）、对外开放度（open）、市场化程度（market）、基础设施（roadd、raild）、城市化水平（rcity）等因素。表6-1中列（4）为截面模型（OLS）估计结果，列（5）和列（7）均采用面板固定效应模型（FE），列（6）为空间自相关模型（SAC）的估计结果。其中，在各种设定下，初始工业水平的系数均在1%的显著性水平下统计显著，符号为负说明我国在2000~2015年存在明显的条件区域增长趋同特征。在控制电子商务、投资率、人力资本、政府行为、对外开放度、市场开放度、基础设施和城市化水平等因素不变的情况下，经济基础不发达的省份比发达省份具有更快的制造业增长速度向各自稳态趋近，趋同速度约为19.03%。同时，我们也发现在条件区域增长趋同下，不管是固定效应还是控制空间效应的设定下，各省电子商务与经济增长均表现为正相关关系，并且均在1%的水平下统计显著，说明电子商务有益于区域经济增长。列（7）在列（5）的基础上引入各省电子商务水平与工业初始化水平的交叉项，进一步考察了电子商务对我国区域经济增长条件趋同的影响。从回归结果来看，电子商务与初始工业水平交叉项的系数为负，说明电子商务不仅促进所在区域经济水平的增长，也促进了日用消费品制造业区域增长的条件趋同，以电子商铺数量为代表的电子商务水平每提升1%，将使条件趋同速度提升1.58%。

至于其他控制变量与日用消费品制造业增长的关系，以列（6）的SAC估计结果为例：政府行为、市场化程度、城市化率均与经济增长呈现正相关，并且在1%的显著性水平下统计显著，说明这些因素的提升均有益于各区域的经济增长，它们每增加1%，将使经济增长速度分别提升0.30%、0.58%、0.01%；而对外开放度、铁路交通发展水平这两个因素系数都为负，在10%的显著性水平下统计显著，有可能抑制日用消费品产值，由于日用消费品制造业属于劳动密集型产业，对外开放度、铁路交通发展水平提高可能有助于城市产业转型，而从事更有科技含量产业或者向服务型产业转移，表现为负相关。其他因素如投资率、人力资本、公路基础水平的系数均为正，但统计不显著，则说明这些因素可能有益于日用消费品制造业的增长，但是其影响作用不明显。由于这些因素不是我们重点关注的，故不再做进一步探讨。

2. 制造业增长趋同检验

接下来采用类似的设定，考察我国全体制造业的区域收敛，并检验电子商务对其收敛的影响。

（1）绝对收敛模型。从表6-2中列（1）～（3）的回归结果来看，初始制造业水平（lninitout）的系数均为负，并且均在1%或5%的水平下显著，说明当前阶段我国区域制造业增长存在绝对趋同。另外，由于各省工业产值之间存在较为显著的空间误差效应，故我们以列（3）报告的结果为基准，计算出我国区域制造业在2000～2015年的绝对趋同速度为5.35%，比日用消费品制造业的趋同速度快1.94%。

（2）条件收敛检验。表6-2列（4）～（7）为条件收敛模型估计结果。其中，列（6）表明，空间误差效应是显著的，以该列结果为基准，初始制造业水平的系数为负，并且在1%的水平下显著，说明我国区域全体制造业在2000~2015年存在明显的条件区域增长趋同特征，趋同速度约为15.83%，小于日用消费品制造业的条件趋同速度。各省电子商务水平的系数为正值（0.0157），并且在1%的置信水平下统计显著，说明电子商务促进了区域全体制造业的发展。同时，列（7）中各省电子商务发展水平与初始工业水平交叉项的系数为负，说明电子商务促进了我国各省全体制造业区域经济增长的条件趋同，以电子商铺数量为代表的电子商务水平每提升1%，将使条件趋同速度提升1.43%。

表6-2　2000~2015年我国31省份制造业区域增长条件收敛回归结果

变量	绝对收敛			条件收敛			
	(1)	(2)	(3)	(4)	(5)	(6)	(7)
	lnratio	lnratio	lnratio	lnratio	lnratio	lnratio	lnratio
	OLS	FE	SAC	OLS	FE	SAC	FE
lninitout	-0.0357*** (0.0091)	-0.0509*** (0.0058)	-0.0495*** (0.0111)	-0.0929*** (0.0228)	-0.230*** (0.0254)	-0.126*** (0.0231)	-0.143*** (0.0288)
lnebuss	—	—	—	0.0180*** (0.0051)	0.0275*** (0.0069)	0.0139*** (0.0039)	0.0913*** (0.0145)
lninitout×lnebuss	—	—	—	—	—	—	-0.0140*** (0.0029)
fdiratio	—	—	—	0.0711 (0.0941)	-0.214 (0.126)	-0.0993* (0.0534)	-0.221** (0.108)
edu	—	—	—	0.231 (0.272)	0.0844 (0.391)	-0.0143 (0.250)	0.842** (0.359)
govratio	—	—	—	-0.262*** (0.0704)	0.392*** (0.0815)	0.336*** (0.114)	0.0892 (0.113)
open	—	—	—	0.0152 (0.0355)	-0.0124 (0.0763)	-0.147*** (0.0492)	-0.0028 (0.0673)
market	—	—	—	0.0966 (0.0613)	0.545*** (0.163)	0.452*** (0.116)	0.300* (0.168)
roadd	—	—	—	-0.0311 (0.0211)	-0.0334 (0.0439)	-0.0424* (0.0253)	0.0282 (0.0398)
raild	—	—	—	-0.0615 (0.0906)	-0.426* (0.242)	-0.238 (0.199)	-0.0350 (0.244)

续表

变量	绝对收敛			条件收敛			
	（1）	（2）	（3）	（4）	（5）	（6）	（7）
	lnratio	lnratio	lnratio	lnratio	lnratio	lnratio	lnratio
	OLS	FE	SAC	OLS	FE	SAC	FE
rcity	—	—	—	−0.0004 （0.0012）	0.0204 *** （0.0056）	0.0115 *** （0.0031）	0.0130 ** （0.0052）
ρ	—	—	−0.174 *** （0.0290）	—	—	0.149 *** （0.0093）	—
λ	—	—	0.174 *** （0.00603）	—	—	−0.207 *** （0.0275）	—
σ^2	—	—	0.0043 *** （0.0005）	—	—	0.0033 *** （0.0004）	—
Constant	0.360 *** （0.0483）	0.434 *** （0.0285）	—	0.881 *** （0.191）	1.908 *** （0.280）	—	1.537 *** （0.251）
Observations	155	155	155	155	155	155	155
R−squared	0.160	0.214	0.198	0.315	0.521	0.675	0.595
Number of id	31	31	31	31	31	31	31

注：括号内为稳健标准差，*** $p<0.01$，** $p<0.05$，* $p<0.1$。

　　至于其他控制变量对全体制造业增长的影响，政府行为、市场化程度、城市化率均与经济增长呈现正相关，并且在 1% 水平下显著。它们每提高 1%，将使经济增长速度分别提升 0.34%、0.45%、0.01%。而投资比的系数符号为负，一方面说明我国当前制造业的增长对这一因素的依赖在降低，另一方面或许与产业转移以及当前我国房地产等部门投资过热有关。另外，对外开放、公路基础、人力资本、铁路交通发展水平的系数估计值都不太稳定，从各列的对比来看，它们可能与截面效应所代表的个体因素有较强关联，这里不能一一进行识别。

（四）模型稳健性检验

如前所述，电子商务对相关制造业的区域增长有显著的影响，那么，这一影响在区域总体的经济增长中是否仍能反映出来呢？另外现有关于经济趋同的研究基本上都是对整个区域经济趋同的研究，很少单独研究实体制造业的，因此研究结果是否可靠需要进一步检验，故我们通过将电子商务对区域经济趋同影响与已有文献作对比，从而对我们的结果进行稳健性检验。这里我们用人均 GDP 表示各区域的经济状况，仍按表 6-2 的各项设定进行回归分析，表 6-3 列出了相应的回归结果。

表 6-3　2000～2015 年我国 31 省份区域增长条件收敛回归结果

变量	绝对收敛			条件收敛			
	（1）	（2）	（3）	（4）	（5）	（6）	（7）
	lnratio	lnratio	lnratio	lnratio	lnratio	lnratio	lnratio
	OLS	FE	SEM	OLS	FE	SAC	FE
lninitout	−0.0081 ***	−0.0111 ***	−0.0153 **	−0.0386 ***	−0.1140 ***	−0.0673 ***	−0.0883 ***
	（0.0019）	（0.0029）	（0.0066）	（0.0083）	（0.0208）	（0.0138）	（0.0141）
lnebuss	—	—	—	0.0152 ***	0.0214 ***	0.0087 ***	0.0924 ***
				（0.0029）	（0.0038）	（0.0024）	（0.0096）
lninitout×lnebuss	—	—	—	—	—	—	−0.0081 ***
							（0.0009）
fdiratio	—	—	—	−0.0349	−0.1340 **	−0.0619 *	−0.1420 ***
				（0.0283）	（0.0641）	（0.0330）	（0.0435）
edu	—	—	—	0.0563	−0.0309	−0.1030	0.2180 *
				（0.0896）	（0.1490）	（0.0824）	（0.1170）
govratio	—	—	—	−0.0590 **	0.3120 ***	0.2360 ***	0.1290 ***
				（0.0264）	（0.0690）	（0.0340）	（0.0319）
open	—	—	—	−0.0061	−0.0847 **	−0.0860 ***	−0.1290 ***
				（0.0171）	（0.0404）	（0.0233）	（0.0255）

变量	绝对收敛			条件收敛			
	（1）	（2）	（3）	（4）	（5）	（6）	（7）
	lnratio	lnratio	lnratio	lnratio	lnratio	lnratio	lnratio
	OLS	FE	SEM	OLS	FE	SAC	FE
market	—	—	—	0.0455 (0.0285)	0.2490 *** (0.0766)	0.1920 *** (0.0396)	0.1720 *** (0.0556)
roadd	—	—	—	−0.0153 (0.0159)	−0.0236 (0.0169)	−0.0231 ** (0.0113)	0.0235 * (0.0134)
raild	—	—	—	−0.0148 (0.0533)	−0.132 (0.0934)	0.0122 (0.0500)	−0.0490 (0.0686)
rcity	—	—	—	−0.0008 (0.0005)	0.0055 ** (0.0021)	0.0041 *** (0.0011)	0.0054 *** (0.0015)
ρ	—	—	−0.0844 *** (0.0302)	—	—	0.1490 *** (0.0110)	—
λ	—	—	0.1720 *** (0.0069)	—	—	−0.1210 *** (0.0346)	—
σ^2	—	—	0.0008 *** (0.0001)	—	—	0.0005 *** (0.0005)	—
Constant	0.2300 *** (0.0166)	0.2560 *** (0.0247)	—	0.4780 *** (0.0592)	0.7340 *** (0.1600)	—	0.5330 *** (0.0898)
Observations	155	155	155	155	155	155	155
R-squared	0.0430	0.0320	0.0320	0.2810	0.5530	0.5530	0.7020
Number of id	31	31	31	31	31	31	31

注：括号内为稳健标准差， *** $p<0.01$， ** $p<0.05$， * $p<0.1$。

（1）绝对收敛模型。根据表6-3中列（1）～（3）结果，各省人均GDP的系数均为负，并且在1%或5%的水平下均统计显著，说明当前阶段我国各区域经济增长存在绝对趋同。同样，由于各省人均GDP之间存在较为显著的空间误差效应，故我们以模型（6-3）回归结果为基准，可算得我国区域经济在2000~2015年绝对趋同速度为1.57%，比日用消费品制造业的趋同速度小1.84%。

（2）条件收敛模型。表6-3中列（4）~（7）为条件收敛模型的估计结果。与前述关于制造业的回归类似，它们均显示，经济增长存在条件收敛，同时，电子商务可促进所在区域经济水平的增长。列（6）亦表明引入空间误差效应能改进结果的有效性，以其为基准可算得GDP增长的趋同速度约为6.13%，远远小于全体制造业以及日常消费品制造业的趋同速度。此外，列（7）中各省电子商务发展水平与人均GDP水平交叉项的系数为负，说明电子商务也能促进我国各省经济增长条件趋同，以电子商铺数量为代表的电子商务水平每提升1%，将使条件趋同速度提升0.80%。其影响虽然小于全体制造业以及日用消费品制造业，但仍是1%显著的。

其他控制变量对经济增长的影响同日用消费品制造业、全体制造业类似，不再赘述。

四、小结

电子商务作为一种新兴技术、新型的商业模式直接影响到日用消费品的生产与销售，但随着它的深入与普及，以及制造业不同行业间的上下游溢出，也可能会对制造业以及整个区域经济的格局发生影响。然而，这一影响是促进还是削弱区域间的经济趋同，在理论上并无一定关系，而在实证上则需要解决内生性、空间自相关等问题。本书构建了空间面板模型，从日用消费品制造业、全体制造业以及区域经济发展三个层面考察2000~2015年我国各区域是否存在经济增长的绝对趋同和条件趋同，同时检验电子商务对这三个层面经济增长的β条件趋同、绝对趋同的影响程度。研究发现。

（1）在2000~2015年，我国各省日用消费品制造业、全体制造业以及区域经济存在经济增长的绝对趋同与条件趋同，其中三个层面绝对趋同速度表现为全体制造业>日用消费品制造业>整体经济，各省之间绝对经济趋同速度仅为1.5%，稍小于普遍认可的2%。而条件趋同速度则表现为日用消费品制造业>全体制造业>整体经济，且条件趋同速度明显大于绝对趋同速度，即各省份都以更快速度向自己的稳态靠近，其中整体经济条件趋同速度为6.13%，这一结果与林毅夫（2003）、许召元（2006）等得出的条件趋同速度基本一致。

（2）电子商务不仅是影响制造业增长的一个重要因素，也是影响区域制造业条件趋同的重要因素，即电子商务越发达，区域制造业增长得越快，尤其是经济落后地区增长得更快。这也从实证上说明了电子商务有助于制造业增长趋同，通过稳健性检验电子商务也在一定程度上缩小了区域间的经济差距，从而表明在理论上，电子商务降低交易成本的效应要强于外部规模经济的效应。同时，电子商务对条件趋同速度的影响表现为日用消费品制造业>全体制造业>整体经济，与电子商务影响经济增长的机制吻合，这表明本书识别机制的设计是可靠的。

电子商务对实体零售业空间分布的影响

　　电子商务的快速崛起不断改写着我国传统零售行业的格局，据麦肯锡研究院的统计，在每一元的网络消费中，有一半以上是从实体商店转移而来的消费，还有略少于一半是由网络渠道刺激产生的新消费。而网上购物的种种优势也在重新塑造着人们的购物习惯和行为。据统计，2015 年中国网络购物交易规模达到 3.8 万亿元，同比增长 35.7%，占社会消费品零售总额的 12.7%，网络购物用户规模达到 4.6 亿人，占所有网民的 67.4%。网上购物的种种优势重新塑造着人们的购物习惯和行为，其对实体零售业产生的冲击也越来越显著。以电子商务为代表的网络商业活动对实体零售业产生的冲击越来越显著，不仅大大影响了实体零售业的销售利润，也影响了实体零售业的商业布局，进而对城市的区域功能分布也可能会产生影响。

　　互联网使零售业不再完全依赖于实体店面，原有的"黄金旺铺"可能贬值，近年甚至出现了一些实体店关门、传统商圈倒闭的现象。如中国财经时报网报道："2016 年年初，国际知名零售企业沃尔玛宣布将关闭全球 269 家沃尔玛实体店，国内的沃尔玛店也接二连三地关闭；万达百货在宁波、青岛、沈阳、芜湖等地市的近 40 家店已经关闭；乐购山东 6 家店已经全部关闭；其他诸如天虹百货、阳光百货、马莎百货等也难逃一劫，纷纷沦陷。"在此背景下，一些实体零售商也开始试水线上零售，不同程度地采取虚实结合的销售模式。例如苏宁电器提出 O2O 模式，即实体销售活动部分虚拟化，虚拟活动部分实体化，由单一空间向虚实结合空间转化，同时也有一些商家直接转向线上销售。

同时，正如城市经济学（李忠富和李玉龙，2008；鲁成等，2015）等方面的研究所注意到的，实体零售业在城市中有一定的空间分布特征。特别是由于销售外部性的存在，实体零售业的集聚形成了商圈，也就是城市中的商业繁华地带，从而影响了商业地产的相对价值。但是，对于这种外部性的来源，文献中有商品不完全替代性、商品互补性、消费信息不完全、规模经济等不同假说。以电子商务技术为基础的网上交易平台实际上类似于实体商业中商圈的功能，目前的网上零售业交易规模占总体零售业的份额也越来越大，而电子商务主要的改变仅是信息搜寻成本，恰恰构成了识别传统商圈与信息集聚间关系的自然实验。本章将通过研究电子商务与商业地产相对价值间的关系，检验实体零售业及其集聚形态所受到的冲击，并由此识别商圈形成中的信息集聚机制。这不仅有助于我们理解"互联网+"经济下零售业的转型，也有助于我们理解城市空间格局正在发生的变化。

一、相关假说及经验研究

基于以上分析，电子商务对传统实体零售业的分布可能会产生一定的影响作用，进而会影响到城市商用房的价值，本部分我们将从理论上进一步分析。

对零售业的空间分布研究，涉及的最主要的一个理论假说，就是"信息搜集成本"。对于信息搜寻成本的起源应该从亚当·斯密的"分工"谈起，"分工"在现实世界中也到处存在，尤其是在经济活动中，有分工就会有交易，科斯则指出有交易就会产生交易成本，斯蒂格勒（1996）则进一步提出信息搜寻成本的存在。他是这样理解的：市场上存在着各种同类的商品，其价格、质量往往并不一致，为了得到价低质优的产品，消费者往往需要搜寻选择，进行搜寻的次数越多，获取的产品质量、价格等信息就越全面，通常获取的收益也越大。反过来，商家也需要进行搜寻活动，搜寻到越多的预期消费者，其产品的销售量就会越大，获取的收益也将越大。总之，"这样的搜寻过程对消费者或商家来说都是有利的，或者以较低价格购买他所需的商品，或者以较高价格出售自己的商品"。因此，信息搜寻是必要的，买卖双方的效用因搜寻而增加，为完成交易而进行的信息搜集是有成本的，这就是所谓的"信息搜寻成本"。

斯蒂格勒认为，搜寻成本主要是时间成本，有时也包括交通费用。但是不同人面对的机会成本是不同的，因此所耗费的时间成本也不相同。假如每个人的时间成本一样，搜寻花费的时间长短决定搜寻成本的大小，搜寻花费的时间通常又由搜寻对象的多少和对象之间的距离所决定。假定搜寻人要搜寻对象的数量为 N，与搜寻者之间的距离为 S，那么搜寻者需要花费的搜寻成本 C＝N×S，即搜寻成本与所要搜寻目标的数量、距离成正比关系。

Fujita 和 Thisse（2002）从信息的角度研究了零售商的集聚，提出传统商圈的形成主要是由于信息集聚引起的，指出消费者和商家由于消费信息不完全将增加更大的信息搜索成本，而商家集聚产生的外部经济将降低商家和消费者的信息搜索成本，并提出了基于消费不完全信息的集聚经济建模方法。该模型的核心假设是消费者为了搜寻物美价廉的产品必须耗费时间成本以及通勤成本，而通勤成本与消费者居住地和购物地之间的空间距离成正比。通过模型进一步分析了消费者基于消费不完全信息会导致所有的零售商集中分布于一个区域，也就形成了所谓的市场或者商圈。消费者到达众多企业集聚的市场，其通勤成本就会大大下降，因为消费者可以以较低的通勤成本以及时间成本来浏览较多的商店，即每个到市场的消费者都在搜寻过程中享受到了产品信息集聚所带来的规模经济；反过来因为有更多消费者的到来，零售商可能会卖出更多的商品，零售商也降低了寻找消费者的搜索成本，因此集市中的零售商也享受到了信息集聚所带来的规模经济。但这一集聚机制只是从理论上进行了分析，并未从经验上进行识别。

路紫等（2013）研究发现实体零售活动向居住区以及商业、商务楼宇办公空间延伸，比如一些商家仅建立虚拟的电子商铺，而将自有住房作为库房或者租用租金更便宜的偏远郊区作为库房，从而降低其销售成本，这样商圈中的实体店铺必然会受到影响，其租金涨幅就会变小或者不变甚至下滑。可见，电子商务首先在一定程度上取代了商圈的信息集聚功能，进而对传统的商业布局产生影响，以至于影响到商业地产的价值，甚至会影响到城市的功能空间分布。基于这一逻辑，Elaine 和 Anne 等即从多个维度考察了电子商务对零售商和不动产的影响。房地产投资尤其是商业地产投资最近 20 年来基本都是我国居民投资的主要方式，因此研究电子商务对我国商业的空间分布以及对商业地产价值的影响，将会对我国商业的发展以及居民投资产生一定的实际参考意义。

二、电子商务影响实体零售业
空间分布的理论分析

　　根据以上分析的信息搜寻成本理论，实体经济中消费者与商家为了完成交易需要进行相互寻找：消费者为了找到合适价格和满意质量的商品，不得不为此进行搜寻；同样商家为找到合适买主，也需要搜寻，即他们都需要花费额外的信息搜寻成本。信息搜寻成本是获取信息的代价，因此搜寻信息是有价值的。在传统实体零售模式下，零售商集聚在一起形成商圈（或者批发市场、购物中心等），将使更多的商品信息汇聚在一起，有利于降低消费者寻找到合意商品的信息搜索成本，因此消费者更愿意到商圈中购买；而商家则由于集聚在一起能吸引更多的消费者，因此也降低其寻找到更多消费者的信息搜索成本，即信息集聚所带来的外部规模经济是商业、零售业分布集聚的重要机制。由于商业、零售业集聚能带来搜索成本的缩减，商家为了追求更多的利润，将使更多的零售商涌入商圈，商圈的形成将会导致此区域内商用房租金或者销售价格的上涨。

　　零售商的集聚主要是减少了商家和消费者的信息搜寻成本，而电子商务的出现要比商圈在更大程度上减少了商家和消费者的信息搜寻成本。如电子商务基于计算机网络技术，使信息交互突破时空限制，人们能随时随地通过网络购物平台查询商品信息、与商家沟通，并通过金融账户与商家进行交易。而由电子商务形成的网络零售平台则是原有商圈的有效替代，目前我国在线零售占比最大的淘宝网平台上面集合的商品信息，就远远超过任何一家大型实体购物中心，消费者借助搜索引擎技术，能够快速找到自己需要的产品，大大降低其信息搜寻成本。这将影响其进入实体商圈的频次，进而降低实体商圈中由于信息集聚带来的收益，从而使商圈吸引力降低，进一步会降低商圈中商用房的价值，抑制商用房租金的上涨甚至使其租金降低；另外，电子商务也改变了企业寻找消费者的信息搜索成本，在电子商务销售模式下，企业不必在实体空间上集聚，只需要在虚拟的网络零售平台上集聚就能到达降低寻找消费者的成本，因此企业为了进一步降低成本会选择在网络上建立虚拟的电子商铺，而将存货仓库设置在租金较低的郊外或者住宅，进一步会放弃或减少其在租金昂贵的商圈中实体店铺的面积。这样商用房就有可能会空置，那么商用房的价值肯定会受到影响，为了保持商用房的价值，房东则可能会采取降租的方法来吸引商家租用。

再结合我国电子商务的发展现状：从消费者的角度来看，随着电子商务的发展普及，凭借其方便、快捷、选择范围广等优势，吸引着越来越多的消费者选择网上购物，导致一些实体零售店铺的利润下降，甚至赔钱倒闭关门；从实体零售店的角度来看，电子商务的冲击迫使其不得不转换经营策略，越来越多的实体店铺也选择开始在线销售或者是线上线下共同销售，为了减少成本，提高利润，有不少店铺也进一步选择在开设网上店铺的同时，缩小实体店铺面积或者取消其实体店铺，只是在租金较为低廉的住宅或偏远区域租用仓库，其销售的所有信息都在网上店铺显示，实际上这也就是选择了电子商务的销售模式。这样原有实体店铺所依托的商业店铺随着商家租用的减少，就会降低其原有价值，为了保值房东将不得不减少租金来吸引商家的入驻。究其背后的深层机制，实际上是由电子商务具有的信息集聚优势，改变了传统实体经济中由于信息（消费者与商家信息）集聚而形成的市场（商圈）所带来的外部经济这一机制，进而改变了传统实体店铺的空间分布。

通过以上分析我们会发现，电子商务主要是通过减少消费者和商家的信息搜索成本而弱化了商圈的功能，导致实体商业分布的分散化，进一步导致商用房价值的降低。下面我们就进一步实证检验电子商务对实体商业分布产生的影响。

三、变量设计与模型设定

（一）变量设计

若要检验电子商务对实体商业分布的影响，比较合适的是城市类别的面板数据。对此，第三章已提供了电子商务方面的数据，而对于实体零售业分布却缺乏直接的数据。但根据前文的分析，电子商务对实体零售业的冲击主要是通过影响零售业的集聚形态，而这又将会影响到商业地产的相对价值，故我们可以通过研究电子商务对商用房价格的影响来分析其对实体商业布局的影响。

当然，由于物价、土地成本、相关政策、当前经济环境、不同地区、不同年份等较多相关因素的影响，再加上我国当前房价一直增长的大环境，商用房价格整体处于上涨态势。因此，需要控制影响商用房价的各种相关因素，才能有效地识别出电子商务对其的影响，否则很容易存在因遗漏变量而造成模型的内生性问题，不能可靠地识别出电子商务与商用房价的关系。如图7-1（a）所示，倘若不控制其他变量，直接做商用房价格与电子商务之间的散点图，会发现两者呈现很强的正向相关关系，但这很可能是两者都呈上涨趋势所致的"伪相关"。那么如何有效地识别出电子商务对商用房价格的影响呢？考虑到房地产市场上除了商用房外，还有住宅房，它们都共同受到各种宏观的及区域的因素影响，但电子商务影响的主要是前者，所以可通过考察商用房价格相对住宅价格的变化来识别电子商务的影响。具体地，本书采用的指标为城市商用房价格与住宅价格之比。图7-1（b）画出了商用房价与住宅房价比与电子商务的散点图。与图7-1（a）刚好相反，它们明显呈现负相关关系。这说明了以商用房价与住宅房价比代替商用房价格本身的必要性。当然，考虑到还存在其他对商用房价格和住宅价格影响不一致的因素，如各地区商业环境、常住人口或者城镇化率等，所以在接下来的回归模型中仍必须控制这些变量。

（二）模型设定与变量说明

基于以上讨论，我们以商用房与住宅房价比作为因变量，通过城市级的面板数据来检验电子商务对实体商业分布的影响。回归模型的基本设定如下式：

$$priceratio_{it} = \beta_0 + \beta_1 ebuss_{it} + \beta_2 sales_{it} + \beta_3 fdiratio_{it} + \beta_4 sizeratio_{it}$$
$$+ \beta_5 rcity_{it} + \beta_6 roadd_{it} + \beta_7 exp \cdot ebuss_{it} + u_i + \lambda_t + \varepsilon_{it}$$

$$(7-1)$$

式（7-1）中，i 表示第 i 个城市，t 表示第 t 年，β 表示各变量的参数。

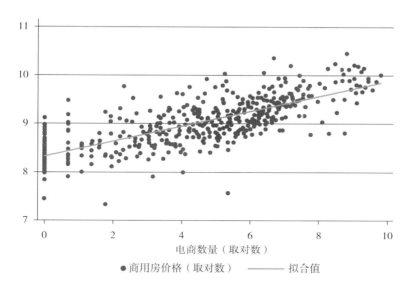

图 7-1（a）　35 个 2005~2015 年大中城市电子商务与商用房价格散点图

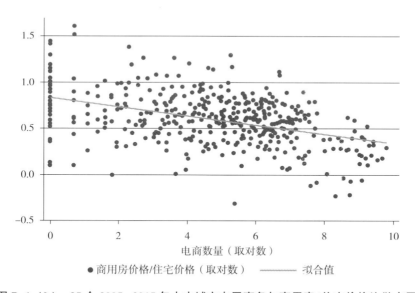

图 7-1（b）　35 个 2005~2015 年大中城市电子商务与商用房/住宅价格比散点图

为了更好地排除遗漏变量等问题，此处采用双向固定效应的面板模型为基准设定。其中，u_i 表示各省份不同的个体固定效应；λ_t 表示时间固定效应；

ε_{it} 为随机误差项。因变量 priceratio 表示每个城市商用房价格与住宅房价格之比，以下简称商/住房价格比。其中，商用房价格只包括商业营业用房价格，不包含办公楼房的价格，住宅价格则是新建商品住宅、经济适用房、别墅三类房价的均价，数据来源于《中国房地产统计年鉴》。解释变量 ebuss 表示电子商务水平，用全国 35 个大中城市拥有的淘宝网上皇冠及以上以及天猫的电子商铺个数表示。数据的说明详见第三章，具体如表 7-1 所示。

表 7-1　我国 35 个大中城市店铺数量

年份 城市	2005	2006	2007	2008	2009	2010	2011	2012	2013	2014	2015
北京	533	1293	2271	3529	4931	6082	7233	8360	9386	10954	12618
成都	79	189	349	547	856	1160	1389	1638	1883	2256	2683
大连	12	43	83	156	224	280	342	378	429	497	544
福州	38	100	180	295	413	521	607	703	800	1007	1349
广州	300	869	1679	2923	4506	5842	7232	8857	10467	12610	15135
贵阳	0	4	11	15	22	30	39	50	56	63	75
哈尔滨	15	32	61	107	154	181	212	231	260	295	336
海口	4	10	19	22	30	39	52	69	80	93	113
杭州	427	1016	1901	3286	5070	6415	7667	8965	9989	11777	14050
合肥	16	35	77	146	221	294	371	479	564	754	1004
呼和浩特	2	8	21	35	51	67	76	84	89	108	133
济南	46	124	211	334	479	590	701	822	934	1076	1261
昆明	3	18	40	68	92	136	164	208	234	282	356
兰州	1	3	7	14	16	21	28	32	38	47	55
南昌	11	24	52	99	159	205	243	278	312	404	505
南京	118	287	509	759	1069	1302	1526	1709	1908	2172	2545
南宁	5	27	51	79	115	146	161	185	195	201	204
宁波	64	158	266	460	701	897	1062	1239	1406	1596	1952
青岛	53	159	280	454	650	792	917	1050	1169	1323	1525
厦门	30	88	200	402	600	765	931	1107	1332	1696	2206
上海	1017	2357	4068	6287	8784	10657	12432	14278	15964	18242	21117

续表

年份 城市	2005	2006	2007	2008	2009	2010	2011	2012	2013	2014	2015
深圳	244	622	1144	1989	3043	3895	4773	5659	6693	8473	11064
沈阳	31	89	163	260	362	453	519	560	618	673	737
石家庄	24	57	127	217	324	413	522	623	753	956	1258
太原	2	13	22	38	60	79	98	115	145	181	212
天津	56	125	223	342	432	523	598	663	720	814	962
乌鲁木齐	2	9	23	38	48	67	78	93	102	108	111
武汉	103	216	382	639	932	1166	1391	1672	1890	2408	2993
西安	17	42	86	124	173	222	276	324	386	440	519
西宁	2	2	4	5	5	7	7	9	10	13	16
银川	0	1	2	2	5	12	21	27	28	30	31
长春	6	16	25	45	64	89	103	118	136	153	175
长沙	25	86	155	247	367	465	550	653	741	871	1050
郑州	35	83	150	292	468	649	816	986	1174	1464	1854
重庆	37	93	147	214	305	377	451	510	588	694	818

对于控制变量，此处考虑的因素主要有：全社会零售总额（sales）、商/住房投资比（fdiratio）、商/住房新开工面积比（sizeratio）、城镇化率（rcity）、城市交通状况（roadd）等。其中，全社会零售总额（sales）代表各城市的零售业规模及商业环境，数据来源于《中国统计年鉴》。为了消除通货膨胀等因素的影响，模型中我们使用的是用基于2000年零售价格指数进行调整后的可比价。引入商/住房投资比（fdiratio）、商/住房新开工面积比（sizeratio）是考虑到商用房相对价格可能还受到经济结构调整、房地产市场调控等电子商务以外的因素影响，而这两个变量对这些因素比较敏感，可以用来控制这些因素的影响。具体地，商/住房投资比（fdiratio）用房地产开发商业营业用房投资额与房地产开发住宅投资总额之比表示，商/住房新开工面积比（sizeratio）用商业营业用房新开工面积除以住宅用房新开工面积计算得到。同时，商/住房投资比（fdiratio）、商/住房新开工面积比（sizeratio）这两个指标与因变量priceratio互为因果关系，引入当期值

将会存在内生性问题。不过，考虑到投资额、新开工面积对价格的影响有一定的滞后性，引入他们的滞后值更为合理，内生性问题也较弱。从后文的诊断来看，引入二期以内滞后项即足以反映它们的影响。城镇化率（rcity）用城市常住人口除以常住总人口计算，来源于各省统计年鉴、城市年鉴、政府工作报告，另外部分城市这一指标数据参考来自于王元华（2015）。计算引入的这个变量，是考虑到我国当前正在加快城镇化建设，鼓励务工人员进城，城市人口增加，必然会增加城市消费，从而引起商业用房价格上涨，同时也会提升住宅用房的需求，但是增加的人口对当地消费的提升应该是即时的，而对住宅用房的购买通常会相对滞后，因此可能会造成商用房与住宅价格提升的不一致，因此我们认为应该控制这种因素引起的效应。

城市交通状况（roadd）用各城市公路里程除以城市面积计算，数据来源于各城市的统计年鉴。在模型中加入此变量，是考虑到一方面城市交通状况可能会引起人们外出的消费，另一方面交通也能影响城市物流状况，可能会对电子商务发展产生重要的影响，而这两方面都可能会影响商用房的价格。另外，城市交通状况可能也影响住宅用房的价格。比如靠近大城市的地区，由于其与大城市之间交通的完善，加上大城市高昂的房价，通常为使一些在大城市工作的人员转而到这些周边城市买房，从而引起商用房与住宅价格之比发生变化。

此外，考虑到电子商铺数或许不能完全反映当地的电商销售或购买规模，本书尝试用快递网点数（exp）来作为一个衡量电商发展的辅助变量。不过，快递网点数只能获取到截面数据，在面板模型的固定效应回归中将被差分掉，因此面板回归中不单独引入此因素，而是采用它与城市电子商铺的交叉即 exp×ebuss，意即在电子商铺数一定的情形下，快递网点数越多，其电商销售或购买的规模可能是越大的。由于从当前官方统计数据无法获取快递网点数，因此我们尝试从快递公司网站或者第三方快递集中平台上获取 35 个城市的相关信息，分别尝试了第三方快递查询网站（http：//www.wangdianchaxun. com）、20 家常用物流公司官网的地市网点信息、高德地图和百度地图等渠道。经过对比，我们认为百度地图收集的 35 个城市快递网点数与现实更加符合。为了检验此数据的有效性，我们将其与《中国统计年鉴（2016）》35 个大中城市的全社会零售总额进行相关性分析，两者相关系数高达 0.87，可见它应该能较好地代表各地快递网点数。百度地图快递网点的具体收集方法为：通过百度地图，输入"快递网点"，按城市查询出全国 35 个大中城市的快递网点数。这些快递网点包括各大物流公司的网点，如顺丰、中通、圆通、汇通、优速快递等。本书的查询日期为 2017 年 5 月 20 日。

四、回归分析

（一）变量的统计描述

为了减少模型中的异方差性，在模型的计算过程中均用各指标数据的对数进行。在以下的模型分析计算过程中，我们均用取对数后的变量，分别表示如下：商/住房价格比（lnpriceratio）、电子商务水平（lnebuss）、全社会零售总额（lnsales）、商/住房投资比（lnfdiratio）、商/住新开二面积比（lnsizeratio）、城镇化率（lnrcity），城市交通状况（lnroadd）、快递网点数（lnebuss×exp）表示。表 7-2 显示了各变量数据的统计描述结果。

表 7-2　变量的统计描述

变量	样本数	均值	标准差	最小值	最大值
lnpriceratio	350	0.5921	0.2843	−0.3017	1.6127
lnshopnum	350	5.3246	2.0656	0.0000	9.8115
lnfdiratio	350	−1.8223	0.3705	−2.8909	−0.7643
lnsizeratio	350	−2.0333	0.4633	−3.5805	−0.6698
lnrcity	350	−0.3664	0.1721	−0.8529	0.0000
lnroadd	350	−0.1276	0.5273	−2.3097	0.7103
lnsales	350	7.1023	0.9347	4.5244	9.1735

（二）面板数据平稳性检验

首先对数据进行单位根检验，分别采用 LLC、IPS、ADF-Fisher、PP-

Fisher 四种方法进行检验，结果如表 7-3 所示。其中，35 个大中城市商/
住房价格比（lnpriceratio）、电子商务水平（lnebuss）、商/住房投资比
（lnfdiratio）、商/住新开工面积比（lnsizeratio）、城市交通状况（lnroadd）、
全社会零售总额（lnsales）这几个指标均通过 4 种检验，均拒绝有单位根
的原假设，因此可以认为是平稳序列；而城市化率（lnrcity）通过 LLC 及
PP 检验，但是没有通过 IPS 及 ADF 检验，另外我们又分别考察了模型中
包含这个变量和不包含这个变量的估计结果，解释变量回归系数由
-0.1552 变为 -0.1543，变化不大且系数显著性也不变，说明其对我们回归
结果影响不大。又考虑到城市化率为控制变量，不是我们重点关注的对
象，因此不在模型中再作差分等处理。综上所述，我们认为模型不存在伪
回归问题，可以对原始序列进行面板回归。

表 7-3 变量的平稳性检验

变量	LLC	IPS	Fisher-ADF	Fisher-PP	(c, t)
lnpriceratio	-12.3499 *** (0.0000)	-5.7450 *** (0.0000)	159.6260 *** (0.0000)	176.6851 *** (0.0000)	(1, 0)
lnebuss	-40.6863 *** (0.0000)	-12.4105 *** (0.0000)	353.5292 *** (0.0000)	528.1481 *** (0.0000)	(1, 1)
lnfdiratio	-5.0663 *** (0.0000)	-1.4685 * (0.0710)	91.5276 ** (0.0431)	96.2665 *** (0.0204)	(1, 0)
lnsizeratio	-6.0420 *** (0.0000)	-2.1154 ** (0.0172)	105.0501 *** (0.0043)	103.1601 ** (0.0061)	(1, 0)
lnroadd	-24.2755 *** (0.0000)	-17.7713 *** (0.0000)	338.8851 *** (0.0000)	365.9331 *** (0.0000)	(1, 0)
lnrcity	-7.3911 *** (0.0000)	0.4255 (0.6643)	74.9352 (0.2636)	94.5916 ** (0.0182)	(1, 1)
lnsales	-16.5911 *** (0.0000)	-4.4744 *** (0.0000)	173.9950 *** (0.0000)	309.3581 *** (0.0000)	(1, 1)

注：(c, t) 中，c=0，表示不带常数项，c=1 代表带常数项；t=1 表示带趋势项；另外，滞
后期数根据 AIC 准则确定。

（三）回归结果

表7-4中列（1）~（3）分别显示了35个大中城市商/住房价格比与电子商务水平之间的混合OLS、个体固定效应模型（FE）、随机效应模型（RE）三种回归结果，从结果看不管用哪种回归方法，它们之间均存在显著的负向关系，也就是说电子商务水平的发展显著地降低了商用房的价格，这与我们前面的理论分析相一致。经Hausman检验选择固定效应回归结果最优，而一般的OLS回归结果忽略了个体、时间的固定效应，可能会低估电子商务的效应。进一步本书也检验了时间固定效应。引入年度虚拟变量2006~2014年，之后的回归结果表明，各年度虚拟变量均显著不为零，联合显著性检验的F统计量的值为8.57，对应p值为0，拒绝"无时间效应"的原假设。这支持了我们关于时间、个体双向固定效应的回归模型设定。另外，为了消除模型中可能存在的异方差以及自相关问题，均采用了聚类稳健标准误估计进行显著性检验。

列（2）显示在不考虑其他变量的情况下，城市电子商铺数量（即电子商务水平）每提升1%，将导致商/住房价格比（即商用房价）下降0.154%。列（4）~（6）增加了商/住房投资比（lnfdiratio）、商/住房新开工面积比（sizeratio）、城市化率（lnrcity）、交通状况（lnroadd）、全社会零售总额（lnsales）等控制变量，分别进行OLS、FE、RE回归分析。对比这三种回归结果，电子商务仍然与商/住房价格比呈现显著的负相关，由于双向固定效应模型的回归结果较好，故以列（5）为例进行详细分析。根据列（5）的结果显示，各城市电子商务水平对其商用房价在5%水平下有显著的负效应，即电子商铺数量（电子商务水平）每增加1%，导致房价比下降0.155%，其系数大小与不增加控制变量基本一致，说明我们所选的指标商用房与住宅房价之比基本已经消除掉了共同影响他们的因素。再看商/住新开工面积之比、城市交通状况、城市化率、全社会零售总额等因素的系数都不显著，只有商/住房投资额之比的系数在10%水平下统计显著，这进一步说明，电子商务是有别于其他影响因素的，是对商用房价格有影响而对住宅价格基本无影响的一个重要因素。

表7-4 电子商务对商用房价的影响估计结果

变量	(1) OLS	(2) FE	(3) RE	(4) OLS	(5) FE	(6) RE	(7) FE	(8) FE	(9) FE
lnebuss	-0.0665*** (0.0135)	-0.1540** (0.0657)	-0.0810*** (0.0203)	-0.1280*** (0.0339)	-0.1551** (0.0651)	-0.1150*** (0.0307)	-0.1592** (0.0641)	-0.1450** (0.0696)	-0.2720* (0.1380)
L. lnfdiratio	—	—	—	0.1132* (0.0634)	0.1081* (0.0543)	0.1041* (0.0558)	—	0.1110* (0.0552)	0.0992* (0.0545)
L2. lnfdiratio	—	—	—	-0.0753* (0.0377)	-0.0498 (0.0444)	-0.0416 (0.0438)	—	-0.0471 (0.0442)	-0.0617 (0.0486)
L. lnsizeratio	—	—	—	-0.0648* (0.0319)	-0.00988 (0.0285)	-0.0234 (0.0289)	—	-0.0110 (0.0275)	-0.0133 (0.0292)
L2. lnsizeratio	—	—	—	-0.0367 (0.0377)	-0.0019 (0.0379)	-0.0083 (0.0345)	—	-0.0030 (0.0381)	-0.0018 (0.0380)
lnrcity	—	—	—	-0.0713 (0.1890)	0.2680 (0.4660)	-0.1040 (0.2140)	0.3170 (0.4500)	0.1580 (0.4760)	0.3470 (0.4290)
lnroadd	—	—	—	0.0382 (0.0698)	0.1270 (0.0959)	0.0695 (0.0631)	0.1200 (0.0970)	0.1080 (0.1040)	0.1260 (0.1000)
lnsales	—	—	—	0.1350** (0.0586)	-0.3430 (0.3250)	0.0757 (0.0603)	-0.3430 (0.3470)	-0.4110 (0.3200)	-0.2870 (0.3360)

续表

变量	(1) OLS	(2) FE	(3) RE	(4) OLS	(5) FE	(6) RE	(7) FE	(8) FE	(9) FE
largecity×ebuss	—	—	—	—	—	—	—	-0.0373 (0.0401)	
smallcity×ebuss	—	—	—	—	—	—	—	-0.0108 (0.0282)	
lnebuss×exp	—	—	—	—	—	—	—	0.0643 (0.1050)	0.0172 (0.0183)
Constant	0.9460*** (0.0795)	1.2400*** (0.2030)	1.0180*** (0.0814)	0.1280 (0.3440)	3.6930* (2.1290)	0.6702* (0.3561)	3.6541 (2.2613)	-0.1451** (0.0696)	3.2712 (2.2062)
Observations	350	350	350	350	350	350	350	350	350
R-squared	0.2331	0.1884	0.1812	0.2971	0.2131	0.2022	0.1971	0.2171	0.2183
Number of cid	35	35	35	35	35	35	35	35	35

注：括号内为稳健标准差，*** $p<0.01$，** $p<0.05$，* $p<0.1$。

对于列（7），主要是考虑到房屋投资和新开工面积可能会影响房价，所以，引入这两个变量时，电子商务的系数可能会被低估，为了检验此问题，我们去掉了房屋投资与新开工面积这两个控制变量，再次进行回归检验，发现电子商务的系数为-0.159与列（5）的系数-0.155基本一致，电子商务系数被低估得非常有限，故认为我们的结论基本稳健。

此外，根据 Danlei Zhang（2015）等的研究，城市规模不同，电子商务对商业不动产的影响也可能不同。为此，我们需要将35个大中城市进行分类，本书依据中国第一财经——新一线城市研究所发布的2016年、2017年中国城市等级名单，其对城市等级划分依据依照五大指标体系：商业集聚度、城市人活跃度、城市枢纽性、生活方式多样性、未来可塑性，将35个大中城市分为一线、二线、三线城市三类等级规模进行考察。其中，北京、上海、广州、深圳我们将其归为一线城市；而贵阳、海口、兰州、西宁、银川、乌鲁木齐将其归为三线城市，其他为二线城市。然后我们引入一线城市级别与三线城市级别两个虚拟变量，分别将其与各自电子商铺数量相乘作为交叉项引入模型中，列（8）报告了相应的估计结果。它表明，不管是一线城市还是三线城市，其交叉项系数均不显著，且都呈负向关系，说明电子商务对商业不动产的影响与城市规模无关。究其原因，电子商务主要是通过网络上的信息集聚平台（电子商务交易平台）进行网络销售，突破了传统交易中空间距离的局限性，其消费群体不再局限于一个区域（城市）内，而有可能遍布全国各区域，故电子商务发展水平对不同规模城市中实体零售业的影响是一致的，都是减弱了其发展。

最后，为了更充分地刻画电子商务的影响，在列（9）引入了电子商铺与快递数量交叉项。从回归结果来看，这一交叉项的影响并不显著。其原因可能是由于我们选择的快递数量是截面数据，其与电子商务的交叉项与电子商铺数量本身的相关系数高达98.5%存在共线性问题。但是电子商铺数的水平项仍是显著的，这又说明淘宝网皇冠及以上以及天猫店铺数量较好地代表了各区域的电子商务发展水平，交叉项因此不能带来解释上的改进。

模型中其他控制变量对商用房价的影响，这里以列（5）结果为主进行说明。其中，商/住房投资比（lnfdiratio）在10%水平下对商/住房价比有显著的正影响，这或许是因为投资反映了对来年商用房价格的预期。在其他控制变量中，商/住房新开工面积比（lnsizeratio）、城市化率（lnrcity）

的系数都为负值，而交通状况（lnroadd）的系数为正值，但是统计上都不显著。全社会零售总额（lnsales）的系数也为不显著的负值。尽管当前各城市社会零售总额基本都呈现上升趋势，理论上应该提升商/住房价比，但很可能又因为零售总额上升中的很大一部分源自于电子商务的贡献，抵消了其对实体不动产相对价格的正向作用，这进一步印证了电子商务这一新兴销售模式带来的冲击。

（四）模型的稳健性检验

当前我国住宅价格增长迅速，采用商用房/住宅价格比，虽然电子商务与商用房/住宅价格比呈现负相关，但是也可能是电子商务（lnebuss）与住宅价格倒数呈负相关造成的，为了检验我们的模型是否存在这种伪回归，我们将住宅价格倒数（divlnhprice）作为因变量，电子商务（lnebuss）作为自变量，然后控制城市化率（lnrcity）、交通状况（lnroadd）、全社会零售总额（lnsales）、时间（year）、住宅投资（lnhfdi）、住宅新开工面积（lnhsize）等因素进行固定效应回归，见表7-5列（1），结果显示电子商务对住宅价格倒数没有显著的影响，因此认为我们的模型是稳健的。

另外，为了考察电子商务（lnebuss）对商用房价格（lnbprice）的影响，我们直接控制了商用房投资（lnbfdi）、新开工面积（lnbsize）、城市化率（lnrcity）、交通状况（lnroadd）、全社会零售总额（lnsales）、时间（year）以及各个城市的个体效应等因素，并进行回归检验，结果见表7-5列（2）。发现电子商务与商用房价格同样呈现负相关关系，其系数为-0.160，即各城市电子商铺数量每提升1%，其商用房价格将下降-0.16%。

为了考察商用房投资额以及新开工面积引起的内生性问题，在表7-5列（3）中，我们去掉这两个变量重新回归，结果仍然在1%的置信水平下显著，其系数为-0.152，与列（2）系数相差不大，说明我们引入投资额以及新开工面积滞后项带来的内生性影响可以忽略。表7-5列（2）、列（3）回归结果显示电子商务与商用房价格呈现显著负相关，再次证明了表7-4的结果是稳健的。

表 7-5 电子商务对商/住房价格比的影响稳健性估计

变量	（1）	（2）	（3）
	divlnhprice	lnbprice	lnbprice
	FE	FE	FE
lnebuss	0.0001 （0.0004）	−0.1601*** （0.0523）	−0.1523*** （0.0505）
L. lnbfdi	—	0.0743 （0.0573）	—
L2. lnbfdi	—	−0.0202 （0.0425）	—
L. lnbsize	—	0.0091 （0.0314）	—
L2. lnbsize	—	−0.0217 （0.0227）	—
lnrcity	−0.0075** （0.0028）	0.5402 （0.4431）	0.5791 （0.4291）
lnroadd	0.0002 （0.0007）	0.0734 （0.0974）	0.0718 （0.1000）
lnsales	—	−0.4781 （0.3350）	−0.4250 （0.3381）
lnhfdi	−0.0014** （0.0005）	—	—
lnhsize	−0.0002 （0.0003） （0.0014）	（0.5372）	（0.5264）
Constant	0.1321*** （0.0037）	12.5720*** （2.3112）	12.2310*** （2.2123）
Observations	350	350	350
R−squared	0.9521	0.7822	0.7781
Number of cid	35	35	35

注：括号内为稳健标准差，*** p<0.01，** p<0.05，* p<0.1。

五、小结

　　针对目前出现的著名商圈中实体店铺倒闭、店面空置进而出现的商用房租难以上涨甚至降低等一系列现象，已有讨论提到电子商务在其中产生的影响。然而，对于这一影响会有多强，它对城市的整体商业布局会带来何等冲击，文献中尚缺乏系统的研究。本章首先从理论上说明，如果传统商圈是由信息集聚而导致的搜寻成本下降所形成，电子商务将通过降低搜寻成本，改变这种传统的城市商业布局。

　　其次，本章基于35个大中城市2005～2014年的面板数据的回归分析表明，电子商务发展水平的确对商/住房价比存在显著的负向作用，城市电子商铺个数每增加1%，商/住房价比将会下降0.155%。根据相关的理论讨论，电子商务对商用房价格的抑制作用既说明了信息集聚带来的外部经济是传统零售商圈形成的一个重要因素，也说明了这一城市商业的传统集聚形态将在新的商业模式冲击下大大削弱。同时，回归分析还表明，对于不同规模等级的城市，电子商务发展水平对商/住房价比的影响统计上没有显著差异，这意味着电子商务对传统零售业及城市商业布局所带来的冲击是具有普遍性的。因此，电子商务的发展对于城市经济形态将产生深远的影响，而目前的文献中对此的估计还是远远不足的。

结论与展望

　　电子商务是由计算机、互联网和通信技术相互融合而发展起来的一种新的商业经济模式，作为一种创新，它无疑将带来全要素生产率的提升，但也有别于传统产业的创新，它主要的影响还不仅仅是改进生产效率，而更多的是降低了与信息等有关的交易成本，从而改变传统的经济空间结构。在这一过程中，很显然已经对传统实体经济的某些方面产生了较大的冲击，更引发了人们对它与实体经济之间关系的争论。因此，本书希望通过研究电子商务与实体经济的空间关系来理解电子商务的发展对传统经济所带来的影响，并由此厘清二者的关系。

　　为此，本书基于淘宝网电商数据构建了代表电子商务发展水平的省级和城市级面板数据，研究我国电子商务发展的空间特征及其对实体经济的影响。

一、基本结论

　　第一，本书通过对我国电子商务发展的空间特征研究得出如下结论：

　　（1）我国电子商务发展分布并不均衡。当前，我国电子商务主要集中在广东、浙江、江苏、山东、福建、上海、北京等东部发达地区，可见，电子商务的发展与地区经济水平发展基本相一致。这说明，电子商务从形式上虽然脱离了"物理距离"的约束，但是其分布仍然与经济空间存在较强的关系。电子商务并不能解决所有的交易成本问题，至少实体商品的运送还是需要依托物流快递而实现的。

（2）我国电子商务发展迅速，其空间分布集中趋势表现为"集中—发散—再集中"的发展路径。从 2003 年到 2015 年短短的 12 年，我国电子商铺的发展范围已经触及我国西部、西南、东北部等偏远地区，可见，电子商务在我国的发展非常迅速；但是从整体来看，我国电子商务还是主要集中在广东、浙江、江苏、山东、福建、上海、北京等东部发达地区，东部沿海地区一直保持着先发达的集中分布优势，并且近年来这种优势有增强的态势。

（3）电子商务空间分布在城市层面表现是：高度集中在发达城市，主要分布在经济发展水平较高的直辖市、省会城市、区域发达城市及制造业发达的城市。其分布逐渐向两类城市集聚：第一类城市如北京、广州、上海、深圳、杭州等，这些城市是我国一线城市，且具有人口密集、经济发达、人力资本高、交通发达等特点；第二类城市如金华、苏州、泉州、温州、台州、东莞、莆田等，这类城市工业发达或者是某一行业的制造基地，如泉州、温州、莆田都是著名的制鞋业产地，汕头是玩具制造产地，东莞、宁波、中山是服饰制造地。

（4）电子商务的分布在不发达省份比发达省份更为不均衡，主要集中在省会城市。通过区域基尼系数的计算，西部各省份相对东部、中部，其各省份的电子商务集中程度更加集中，其中集中程度 0.7 以上的省市区有 7 个，而东部、中部分别为 3 个。西部集中程度最高的为四川省，其集中程度均值高达 0.89，主要集中在其省会城市成都市；集中程度最低的为内蒙古，集中程度为 0.62 左右。

（5）不同行业的电子商务空间特征分布特点表现不相一致。集中程度最高的行业为数码行业，然后依次为服饰、日用、食品行业。总体来看，我国实体行业的分布存在较为明显的区域集中特征，而新出现的电子商务的分布仍然没有摆脱区位集中的发展路径，并且表现出实体行业越集中的行业，对应的相关电子商务行业也越集中，说明电子商务的发展摆脱不了实体经济发展的影响。

（6）工业集聚是电子商务空间特征分布集聚的重要决定因素。通过数据分析现实，电子商务与实体制造业的分布有较高的相似度，例如：都集中分布在东部沿海经济比较发达地区，并且都呈现出向西部经济落后地区扩散的趋势。基于马歇尔外部规模经济理论，构建计量模型，估计了制造业、互联网、交通物流等因素对各地电子商务发展的影响。研究发现：①工业集聚是我国电子商铺集聚发展的主要决定因素，工业集聚程度越高，对其电子商务发展的影响越大。这一关系无论是对全国还是对经济基础较好的东部地区都成立，但近年随着电子商务的发展以及实体制造业的产业转移，它的作用有逐渐变弱的倾向。②互联网用户规模、人均可支配收入这两个决定本地市场需求量的因素，对地区电子商务发展影响并不显著，这恰恰符合电子商务跨越距离空间的特征，也是其与实体零售的显著区别，即说明本地市场需求效应在电子商务这一新销售模式下，对电子商务集聚的作用不明显。

第二，电子商务空间特征分布不均衡对实体经济的影响，本书从空间角度出发，主要研究了电子商务对实体制造业增长趋同的影响以及对城市零售业商业布局的影响，具体结论如下：

（1）电子商务的发展不仅促进区域经济增长，同时还促进区域经济趋同。以往关于经济趋同的文献主要关注的是资本、制度等因素，对技术或创新虽有提及，但并未真正纳入研究。本书表明，电子商务作为一种降低交易成本、促进市场整合的创新，是研究经济趋同时值得重视的一个因素。需要注意的是，这一发现虽然表明电商发展有助于缩小地区经济增长的差距，甚至能为"电商扶贫"等政策提供一定的依据，但本书的研究亦说明，电商的发展并不是完全外生的，它不能摆脱当地的实体制造业水平、交通等基础设施的影响，所以，在扶持电商发展时仍必须注意因地制宜、因势利导。

（2）电子商务对实体零售业空间分布带来了较为明显的冲击。城市商业布局中最显著的特征就是商圈等集聚形态，传统的零售商圈的形成，其中一个重要的作用机制是其形成了信息集聚，大大降低了消费者的信息搜索成本。电子商务的出现尤其是拥有成千上万种商品的电子商务平台的出现，很大程度上替代了传统商圈的这种功能，造成了传统商圈的衰落与商用房价值的相对低落。文章通过实证分析，检验了电子商务这一影响是显著的，说明电子商务不仅仅表现为对实体零售业的替代性上，其更深远的影响恐怕是改变实体店铺的空间分布，从而影响城市的商业布局和商业地产市场。电子商务使零售业不再完全依赖于实体店面，原有的"黄金旺铺"可能贬值，近年已有多地出现了一些实体店关门、传统商圈倒闭的现象。

同时，我们也在现实中看到城市周边"淘宝村"、物流集散地等新业态的出现和扩张。我们研究也发现，目前电子商务的发展对人力资本的要求并不高，大量的从业人员都与客服、快递、外卖、物流等非技术服务有关。可见，电子商务虽然是新经济，但仍然有劳动密集的一面。这意味着它虽然能提供更多的就业机会，但在将城市的商业布局由中心转至边缘的过程中，也为城市的管理带来了挑战。本书的研究表明，我们应该理解这一深远的变革，从而更积极地面对由此带来的挑战。

二、研究展望

本书一方面通过对我国电子商务空间特征分布分析及集中程度的测度，对我国电子商务发展特点及规律有一个全面深刻的认识与理解；另一方面，电子商务作为一种新兴经济产业，其对我国实体经济的影响不可忽视，本书基于空间角度，考察了电子商务对实体制造业以及零售业的影响。电子商务依托于互联网，具有某些有别于传统产业尤其是传统实体经济的属性，在理论和实践上都存在不少值得研究的问题。本书还可以在以下几方面进一步展开研究。

（1）理论研究方面。由于电子商务从出现到目前的高速发展也仅仅才经历了 30 多年的时间，其直接的理论分析基本没有，与其相关的理论分析也还很不成熟，基于电子商务的特殊性，亟须新的理论进行研究分析。故我们在借用传统经济理论分析电子商务问题时，或许也有些不妥的地方，还需要进一步的研究以及时间和实践上的检验。

（2）实证研究方面。本书主要从空间层面研究电子商务对实体经济的影响。电子商务已经渗透到我们生活的方方面面，如电子商务降低了区域间的贸易成本，使国际、国内市场更加一体化；另外，电子商务使农产品更加接近城市市场，有利于增加农民的福利水平，缩小城乡间的经济差距，对我国当前开展的"精准扶贫"政策有很好的指导意义等，后续可以在这些方面进一步开展研究。

（3）完善研究电子商务及其他层面的数据资料。由于数据获得的限制，本书仅得到了不同城市、不同类别等淘宝网上电子商铺的个数，用电子商铺个数来代替不同区域电子商务的发展水平可能存在一定的偏差，不够精确。另外，由于其他控制变量数据的可得性，本书仅能得到省级层面的数据，更细一点的城市层面的数据难以获取，因此在研究中只能分析省级区域的情况，这样做出的结果过于粗糙，许多更小区域（城市）的个体差异难以体现出来，同时也容易引起因遗漏个体变量产生模型的内生性问题，可能会使估计结果的有效性降低。

参考文献

[1] Anselin L. Spatial Econometrics: Methods and Models [M]. Dordrecht: Kluwer Academic Publishers, 1988.

[2] Hartman Armir, Sifonis John, Kador John. Net Ready, Strategies for Success in the Economy [M]. Mc Graw-Hill, 2000.

[3] Audretsch D. B. and Feldman M. P. R&D Spillovers and the Geography of Innovation and Production [J]. American Economic Review, 1996, 86: 630-640.

[4] Baen J. S., R. S. Guttery. The Coming Downsizing of Real Estate: Implications of Technology [J]. Journal of Real Estate Portfolio Management, 1997, 3 (1).

[5] Bakos J. Y. Reducing Buyer Search Costs: Implications for Electronic Marketplaces [J]. Management Science, 1997, 43 (12): 1613-1630.

[6] Bernard A. and S. Durlauf. Interpreting tests of the convergence hypothesis [J]. Journal of Econometrics, 1996 (71): 161-173.

[7] Currah A. Behind the web store: The organisational and spatial evolution of multichannel retailing in Toronto [J]. Environment and Planning A, 2002, 34 (8): 1411-1442.

[8] Danlei Zhang, Pengyu Zhu, Yanmei Ye. The effects of E-commerce on the demand for commercial real estate [J]. CITIES, 2015 (11): 1-15.

[9] Davis D., D. Weinstein. Does Economic Geography Matter for International Specialisation? [J]. NBER Working Papers, No. 5706, 1996.

[10] Davis D., D. Weinstein. Economic Geography and Regional Production Structure: An Empirical Investigation [J]. European Economic Review, 1999, 43 (2): 379-407.

[11] Donggen Wang. Activity and Time Use Patterns in Virtual Space:

An Empirical Study of HongKong［C］. Innovation in Activity-Travel Behavior Research：Behavioral Analysis Modeling and Policy, 2007.

［12］Elaine M. Worzala, Anne M. McCarthy, Tim Dixon, Andrew Marston. E-commerce and retail property in the UK and USA［J］. Journal of Property Investment & Finance, 2002, 20（2）：142-158.

［13］Ellison G. and Glaeser E. L. Geographic Concentration in U. S. Manufacturing Industries：A Dartboard Approach［J］. Journal of Political Economy, 1997, 105（5）：889-927.

［14］Ellison, Glenn and Glaeser, Edward L. The Geographic Concentration of Industry：Does Natural Advantage Explain Agglomeration?［J］. Papers and Proceedings, American Economic Review, 1999（89）：311-316.

［15］Farag S., Dijst, M. and Lanzendorf M. Exploring the use of e-shopping and its impact on Personal travel behavior in the Netherlands［R］. Paper prepare for presentation at the 82nd Annual Meeting of the Transportation Research Board, Transportation Research Board, Washington, DC, 2003.

［16］Feldman M. P. and Audretsch D. B. Innovation in Cities：Science-Based Diversity, Specialization and Localized Competition［J］. European Economic Review, 1999（43）：409-429.

［17］Forman C., Goldfarb A., Greenstein S. Geographic location and the diffusion of Internet technology［J］. Electronic Commerce Research and Applications, 2005（4）：1-13.

［18］Forni M. and Paba S. Knowledge Spillovers and the Growth of Local Industries［J］. Journal of Industrial Economics, 2002, 50（2）：151-171.

［19］Forrester. 中国电商市场超越美国成全球老大［EB/OL］. 北京：人民网, 2016-03-07. http：//it. people. com. cn/n1/2016/0307/c1009-28179503. html.

［20］Fujita M., Thisse J. F. Economics of agglomeration［J］. Journal of the Japanese and International Economies, 1996, 10（4）：178-339.

［21］G. J. 斯蒂格勒. 产业组织与政府管制［A］. 上海：上海人民出版社, 1996.

［22］Hamel Gary, Sampler Jeff. The E-Corporation［J］. Fortune, 1998, 138（11）：80-87.

［23］ Islam N. Growth Empirics: A Panel Data Approach ［J］. The Quarterly Journal of Economics, 1995, 110 (4): 1127-1170.

［24］ Jie, Lu Z. Development, distribution and evaluation of online tourism services in China ［J］. Electronic Commerce Research, 2004 (3): 221-239.

［25］ John S. Baen. The Effects of Technology on Retail Sales, Commercial Property Values and Percentage Rents ［J］. Journal of Real Estate Portfolio Management, 2000 (6).

［26］ Kalakota, Ravi, Whinston, Andrew B. Electronic Commerce: A Manager's Guide ［M］. Addison-Wesley Professional, 1997.

［27］ Kenji Hashimoto. Information Network and the Distribution Space in Japan—A Case Study of Consumer Goods Manufacturers in Japan ［J］. NET-COM, 2002, 16 (1-2): 17-28.

［28］ Krugman P. Development Geography and Economic Theory ［M］. Cambridge: MIT Press, 1995.

［29］ Krugman P. Scale Economies, Product Differentiation, and the Pattern of Trade ［J］. American Economic Review, 1980 (70): 950-959.

［30］ Lee K. M. Pesaran, R. Smith. Growth Empirics: A Panel Data Approach: A Comment ［J］. Quarterly Journal of Economics, 1998 (113): 320-323.

［31］ Liu Weidong. Development of the Internet in China and its spatial characteristics ［J］. In: Hayter R, Heron R (eds.) Knowledge, Territory and Industrial Space. Hampshire, UK: Ashgate, 2002: 87-106.

［32］ Malone T., Yates J., Benjamin R. Electronic Markets and Electronic Hierarchies: Effects of Information Technology on Market Structure and Corporate Stragies ［J］. Communications of the ACM, 1987, 30 (6): 484-497.

［33］ Mansfield E. Industrial Research and Technological Innovation: An Econometric Analysis ［J］. Economica, 1971, 38 (149).

［34］ Mansfield E. The Economics of Technological Change ［M］. W. W. Norton & Company Inc., New York, 1968.

［35］ Maris Goldmanis, Ali Hortaçsu, Chad Syverson. E-Commerce and the Market Structure of Retail Industries［J］. The Economic Journal, 2010, 120（545）: 651-682.

［36］ Mark I. Wilson. Real Places and Virtual Spaces［J］. NETCOM, 2003, 17（3-4）: 39-148.

［37］ Mauro L. and Godrecca E. The Case of Italian Regions: Convergence or Dualism［J］. Economic Notes, 1994, 23（3）: 447-472.

［38］ Moomaw R. L. Is Population Scale a Worthless Surrogate for Business Agglomeration Economies［J］. Regional Science and Urban Economics, 1983（13）: 525-545.

［39］ Moran P. Notes on Coninous Stochastic Phenomena［J］. Biometrika, 1950（37）: 17-23.

［40］ Pagano P. On Productivity Convergence in the European Community Countries: 1950 ~ 1988［J］. Giornali de Recherches degli Economists de Annali di Economia, 1993, 52（7-9）: 389-401.

［41］ Peter Weill, Michael R. Vital. From Place to Space: Migrating 10 Atomic e-BusinessHarvard Business School Press, 2001.

［42］ Power S. Banks to Close 59 Dallas, Tarrant Sites［J］. Dallas Morning News, 1998（11）.

［43］ Ren F., Kwan M. P. The Impact of Geographic Context one-shopping Behavior［J］. Environment and Planning B, 2009, 36（2）: 262-278.

［44］ Ronald Harry Coase. The Nature of the Firm［J］. Economic, 1937: 386-405.

［45］ Solow R. Technical Change and The Aggregate Production Function［J］. Review of Economics and Statistics, 1957（39）: 312-320.

［46］ Solow R. 在资本化过程中的创新: 对熊彼特理论的评论［J］. The Quarterly Journal of Economics Statistics, 1951（13）: 14.

［47］ Sylvie Demurger, 杰夫·萨克斯, 胡永泰等. 地理位置与优惠政策对中国地区经济发展的相关贡献［J］. 经济研究, 2002（9）: 14-23.

［48］ Tim Dixon, Andrew Marston. The Impact of E-commerce on Retail Real Estate in the U. K.［J］. The Journal of Real Estate Portfolio Management, 2002, 8（2）: 153-174.

［49］ Timmers, Paul. Business Models for Electronic Markets［J］. EM-

Electronic Markets, 1998, 8（2）：3-8.

［50］Tobler W. A Computer Movie Simulating Urban Growth in the Detroit Region ［J］. Economic Geography, 1970（46）：234-240.

［51］Weltevreden J. W. J., Van Rietbergen T. The Implicationsof e-shopping for in-store Shopping at Various Shopping Locations in the Netherlands ［J］. Environment and Planning B, 2009, 36（2）：279-299.

［52］Wigand R. T., Benjamin R. I. Electronic Commerce：Effects on Electronic Markets ［J］. Journal of Computer Mediated Communication, 1995, 1 （3）：1-11.

［53］Yoshio Arai, Kazuhiro Sugizaki Concentrations of Call Center in Peripheral Areas：Cases in Japan ［J］. NETCOM, 2003（17）：187-202.

［54］阿尔弗雷德·马歇尔. 经济学原理 ［M］. 长沙：湖南文艺出版社, 2012.

［55］阿尔弗雷德·马歇尔. 经济学原理 ［M］. 朱志泰译. 北京：商务印书馆, 1964.

［56］阿尔弗雷德·韦伯. 工业区位论 ［M］. 北京：商务印书馆, 1997.

［57］阿里研究院. 2014 年中国电子商务示范城市发展指数报告 ［R］. 杭州：阿里研究院, 2015.

［58］阿里研究院. 2015 年中国电子商务示范城市发展指数报告 ［R］. 杭州：阿里研究院, 2016.

［59］阿里研究院. 信息经济：中国经济增长与转型的核心动力——信息经济前景研究报告 ［R］. 杭州：阿里研究院, 2015.

［60］阿里研究院. 涌现与扩展：电子商务 20 年 ［R］. 杭州：阿里研究院, 2015.

［61］奥利弗·E. 威廉姆森. 资本主义经济制度 ［M］. 北京：商务印书馆, 2002.

［62］白重恩, 杜颖娟, 陶志刚, 仝月婷. 地方保护主义及产业地区集中度的决定因素和变动趋势 ［J］. 经济研究, 2004（4）：29-40.

［63］蔡昉, 都阳. 中国地区经济增长的趋同与差异——对西部开发战略的启示 ［J］. 经济研究, 2000（10）：30-38.

［64］曾思敏, 陈忠暖. 信息时代我国电子商铺区位取向的实证分析

[J]. 人文地理，2011（5）：88-93.

[65] 陈敏，桂琦寒，陆铭，陈钊. 中国经济增长如何持续发挥规模效应？——经济开放与国内商品市场分割的实证研究 [J]. 经济学季刊，2007，7（1）：125-151.

[66] 陈强. 高级计量经济学及 Stata 应用（第二版）[M]. 北京：高等教育出版社，2014.

[67] 陈小红. 电子商务对经济增长贡献的评价与控制研究 [D]. 上海：东华大学博士学位论文，2011.

[68] 程光. 我国大型百货业电子商务发展研究 [D]. 北京：首都经贸大学硕士论文，2012.

[69] 董国芳，张晓芳. 我国网商的空间分布特征及影响因素——基于淘宝网电子商铺的实证分析 [J]. 经济地理，2017，37（6）：8-16.

[70] 杜梅. 电子商务的经济学分析 [D]. 成都：西南财经大学博士论文，2001.

[71] 段文斌等. 制度经济学——制度主义与经济分析 [M]. 天津：南开大学出版社，2003.

[72] 范剑勇，谢强强. 地区间产业分布的本地市场效应及其对区域协调发展的启示 [J]. 经济研究，2010（4）：107-120.

[73] 范玉贞. 我国电子商务发展对经济增长作用的实证研究 [J]. 工业技术经济，2010，29（8）：40-44.

[74] 郭庆旺，贾俊雪. 中国区域经济趋同与差异的因素贡献分析 [J]. 财贸经济，2006（2）：11-17.

[75] 郝建彬. 电子商务成为经济增长新动力 [J]. 互联网经济，2015（11）：32-37.

[76] 浩飞龙，关晧明，王士君. 中国城市电子商务发展水平空间分布特征及影响因素 [J]. 经济地理，2016，36（2）：1-10.

[77] 金丽娟. C2C 电子商务的空间分布及影响因素研究 [D]. 武汉：华中师范大学硕士学位论文，2015.

[78] 荆林波. B2B 商业模式的比较研究 [J]. IT 经理世界（增刊），2000（11）.

[79] 肯尼迪·阿罗. 信息经济学 [M]. 北京：经济出版社，1989.

[80] 雷晓健. B2C 电子商务企业商业模式选择与实证研究 [D]. 南

京：南京财经大学硕士论文，2014.

［81］李琪. 中国电子商务［M］. 成都：西南财经大学出版社，1997.

［82］李维安，周建. 网络经济与企业战略选择权的更新［J］. 现在管理科学，2011（5）：56-58.

［83］李勇坚. 电子商务与宏观经济增长的关系研究［J］. 学习与探索，2014，229（8）：102-108.

［84］李忠富，李玉龙. 购物中心选址的综合评价方法［J］. 商业研究，2008（4）：196-198.

［85］林光平. 我国地区经济收敛的空间计量实证分析：1978—2002年［J］. 经济学（季刊），2005（10）：67-82.

［86］林毅夫，刘培林. 中国的经济发展战略与地区收入差距［J］. 经济研究，2003（3）：19-25.

［87］刘修岩. 集聚经济、公共基础设施与劳动生产率［J］. 财经研究，2010（5）：91-101.

［88］刘学，甄峰，张敏，席广亮等. 网上购物对个人出行与城市零售空间影响的研究进展及启示［J］. 地理科学进展，2015，34（1）：48-54.

［89］鲁成，汪泓，柳琳. 零售商圈辐射范围比较模型构建与上海商圈实证［J］. 经济地理，2015（35）：133-137.

［90］路紫，王文婷，张秋娈等. 体验性网络团购对城市商业空间组织的影响［J］. 人文地理，2013，28（5）：101-104.

［91］罗谷松，李雪琪. 广东省淘宝网电子商铺空间分布特征研究［J］. 商业研究，2013（435）：117-121.

［92］马克·尤里·波拉特. 信息经济［M］. 北京：中国展望出版社，1987.

［93］潘洪刚，吴吉义. 中国网络创业的发展轨迹及趋势研究［J］. 科技进步与对策，2012（2）：110-114.

［94］彭凯翔. 从交易到市场［M］. 杭州：浙江大学出版社，2015.

［95］彭文慧. 社会资本与我国区域经济增长趋同的空间计量经济学研究［J］. 武汉：华中科技大学博士论文，2012.

［96］乔治·斯蒂格勒. 信息经济学［J］. 政治经济学杂志，1961（69）.

［97］秦宗阳. 电子商务冲击下杭州市商业地产投资影响因素分析 ［J］. 知识经济, 2014（12）.

［98］商务部电子商务和信息化司. 中国电子商务发展报告（2019）［R］. 北京：中国商务出版社, 2020.

［99］邵兵家, 刘炯艳, 马果. 电子商务概论 ［M］. 北京：高等教育出版社, 2003.

［100］沈坤荣, 耿强. 外国直接投资、技术外溢与内生经济增长 ［J］. 中国社会科学, 2001（5）：82-93.

［101］沈坤荣. 中国经济增长的"俱乐部收敛"特征及其成因研究 ［J］. 经济研究, 2002（1）：33-39.

［102］宋安成. 电商时代下商业地产的危与机 ［J］. 城市开发, 2012（7）：82-83.

［103］覃成林, 刘迎霞, 李超. 空间外溢与区域经济增长趋同——基于长江三角洲的案例分析 ［J］. 中国社会科学, 2012（5）：76-95.

［104］汤英汉. 中国电子商务发展水平及空间分异 ［J］. 经济地理, 2015, 35（5）.

［105］王蕾. C2C 电子商务店铺区域分布的实证研究 ［D］. 石家庄：河北师范大学硕士论文, 2007.

［106］王硕. 电子商务概论 ［D］. 合肥：合肥工业大学博士后出站报告, 2007.

［107］王贤文, 徐申萌. 我国 C2C 电子商务的地理格局及其演化机制 ［J］. 经济地理, 2011, 31（7）：1064-1070.

［108］王贤文, 徐申萌. 中国 C2C 淘宝网络店铺的地理分布 ［J］. 地理科学进展, 2011, 30（12）：1564-1569.

［109］王元化. 城镇化进程中房地产价格分异研究 ［D］. 上海：华东师范大学博士论文, 2015.

［110］文玫. 中国工业在区域上的重新定位和聚集 ［J］. 经济研究, 2004（2）：84-94.

［111］翁君奕. 商务模式创新：企业经营"魔方"的旋启 ［M］. 北京：经济管理出版社, 2004：8-9.

［112］吴玉鸣. 中国省域经济增长趋同的空间计量经济分析 ［J］. 数量经济技术经济研究, 2006（12）：101-108.

[113] 席广亮, 甄峰, 汪侠等. 南京市居民网络消费的影响因素及空间特征 [J]. 地理研究, 2014, 33 (2): 284-295.

[114] 徐申萌. 我国C2C电子商务地理格局研究 [D]. 大连: 大连理工大学硕士论文, 2013.

[115] 徐帅. 电子商务对区域经济不平衡发展的影响分析 [D]. 济南: 山东大学硕士论文, 2017.

[116] 许召元, 李善同. 近年来中国地区差距的变化趋势 [J]. 经济研究, 2006 (6): 106-116.

[117] 薛玉林. 电子商务运营中的羊群效应工作机制研究 [D]. 北京: 北京邮电大学博士论文, 2015.

[118] 杨坚争, 周涛, 李庆子. 电子商务对经济增长作用的实证研究 [J]. 世界经济研究, 2011 (10): 40-43.

[119] 杨璐. 电子商务对我国对外贸易的影响及对策研究 [D]. 合肥: 安徽大学硕士论文, 2014.

[120] 杨善林, 齐从谦, 何建民. 电子商务概论 [M]. 北京: 机械工业出版社, 2002.

[121] 俞金国, 王丽华, 李娜. 电子商铺空间分布特征分析 [J]. 经济地理, 2010, 30 (8): 1248-1253.

[122] 俞金国, 王丽华, 连显淼. 电子商铺空间分布规律及其影响因素探究 [J]. 地域研究与开发, 2010, 29 (6): 34-39.

[123] 俞立平, 李建忠, 何玉华. 电子商务概论 [M]. 北京: 清华大学出版社, 2012.

[124] 袁新龙, 吴清烈. 江苏企业信息化与电子商务应用现状分析 [J]. 科技与经济, 2003, 16 (3): 33-36.

[125] 约瑟夫·熊彼特, 经济发展理论 [M]. 北京: 商务印书馆, 1990.

[126] 张红, 陈嘉伟, 李维娜. 电子商务发展对商业地产的影响: 来自中国的观察与实证研究 [J]. 中国房地产, 2016 (6): 13-24.

[127] 张宁, 万潇, 赵亮. 电子商务与商业地产价格的实证分析 [J]. 中国地质大学学报 (社会科学版), 2014 (5): 5-8.

[128] 张润彤. 电子商务概论 [M]. 北京: 电子工业出版社, 2003.

[129] 张文武, 梁琦. 市场冲击、劳动共享与制造业集聚——基于中

国城市面板数据的研究 [J]. 中国科技论坛，2011（5）：57-60.

[130] 赵霞，荆林波. 网络零售对地区经济差距的影响：收敛还是发散？[J]. 商业经济与管理，2017（12）：5-14.

[131] 赵永善，刘养洁. 网上零售中心地宏观区位及服务范围探讨——以自主销售式网络电商 B2C 为例 [J]. 山西师范大学（自然科学版），2014，28（9）：92-98.

[132] 郑淑蓉，吕庆华. 中国电子商务 20 年演进 [J]. 商业经济与管理，2013（11）：5-16.

[133] 中国 B2B 研究中心. 1997～2009 年中国电子商务发展报告 [R]. 杭州：中国 B2B 研究中心，2009（9）.

[134] 中国电子商务研究中心. 2010 年度中国电子商务市场数据监测报告 [R]. 杭州：中国电子商务研究中心，2011.

[135] 中国电子商务研究中心. 2013 年度中国电子商务市场数据监测报告 [R]. 杭州：中国电子商务研究中心，2014.

[136] 中国电子商务研究中心. 2014 年度中国电子商务市场数据监测报告 [R]. 杭州：中国电子商务研究中心，2015.

[137] 中国电子商务研究中心. 2015 年度中国电子商务市场数据监测报告 [R]. 杭州：中国电子商务研究中心，2016.

[138] 中国电子商务研究中心. 2018 年度中国电子商务市场数据监测报告 [R]. 杭州：中国电子商务研究中心，2019.

[139] 钟海东，张少中，华灵玲等. 中国 C2C 电子商务卖家空间分布模式 [J]. 经济地理，2014，34（4）：91-96.

[140] 周章伟，张虹鸥，陈伟莲. C2C 电子商务模式下的网络店铺区域分布特征 [J]. 热带地理，2011，31（1）：65-70.

[141] 朱邦耀，宋玉祥，李国柱，于婷婷. C2C 电子商务模式下中国"淘宝村"的空间聚集格局与影响因素 [J]. 2016，36（4）：92-98.